Тофаларские сказки

토팔라르인 이야기

<지식을만드는지식 소설선집>은
인류의 유산으로 남을 만한 작품만을 선정합니다.
오랜 시간 그 작품을 연구한 전문가가
정확한 번역, 전문적인 해설, 풍부한 작가 소개, 친절한 주석을
제공하는 고급 소설 선집입니다.

지식을만드는지식 소설선집

시베리아 설화집

Тофаларские сказки

토팔라르인 이야기

작자 미상

이경희 옮김

대한민국, 서울, 지식을만드는지식, 2017

편집자 일러두기

- 이 책은 ≪옛 사얀의 전설과 민담과 노래(Легенды, сказки и песни седого Саяна)≫(В. И. Рассадин, Иркутск, 1996), ≪토팔라르 민담과 이야기꾼(Сказки и сказочники Тофаларии)≫(Шерхунаев Р. А., Кызыл, 1977)을 원전으로 삼아 옮긴이가 가려 뽑아 번역했습니다.
- 주석은 모두 옮긴이가 단 것입니다.
- 외래어 표기는 현행 한글어문규정의 외래어표기법을 따랐습니다.

차 례

토팔라르인 이야기

달에 얽힌 이야기

토팔라르인들은 달에 관한 많은 전설을 가지고 있다. 그중 다음과 같은 이야기가 있다.

옛날 마치 산처럼 큰 거인이 있었다고 한다. 거인은 무지하게 식욕이 좋아서 항상 배고픔을 느꼈다. 살아 있는 것과 눈에 띄는 것을 모두 닥치는 대로 먹어 치웠다. 그는 맨손으로 물고기와 개구리, 새 들을 잡았고 짐승들과 그 새끼들을 사냥했다. 거인은 먹고 또 먹어도 배가 부른 것을 몰랐다. 거인 주변에는 생명체가 적어지기 시작했다. 거인은 점점 배가 고파지기 시작했다. 산과 계곡을 여기저기 돌아다녔지만 먹을 것을 좀처럼 발견할 수 없었다. 거인은 오랫동안 타이가[1] 숲을 돌아다녔다. 거인이 한 번 지나간 곳은 완전히 아무것도 남지 않게 되었다.

거인은 토팔라르인들이 모여 사는 부락에 도착했다. 강 주변의 들판에 집들이 우뚝우뚝 솟아 있었다. 사람들이 다니고 있는데 모두 키가 거인의 무릎밖에 오지 않았다. 거인은 부락민 중 한 사람을 잡아먹었다. 아주 맛있었다. 또다시

1) 북반구의 냉대 기후 지역에 나타나는 침엽수림.

한 사람을 잡아먹었다. 오래 지나지 않아 부락은 텅 비었다.

거인은 강을 따라 다른 부락으로 갔다. 거기에는 사람들이 더 많이 살고 있었다. 거인은 사람들을 모두 잡아먹기로 마음먹었다. 그러나 그 부락 사람들은 이미 다른 부락에서 일어난 불행을 소문으로 들었기 때문에 그들에게 닥칠 불행을 짐작하고 있었다. 불행을 벗어날 방법이 없었다. 타이가 숲과 산 전역에 악한 소문이 퍼졌고 소문은 거인의 행보보다 앞서 널리 퍼졌다. 마을 사람들은 부르한[2)]에게 도움을 청하러 갔다. 그들은 아자한[3)]에게도 도움을 청했다. 두 신은 사람들의 청을 들어주었다. 부르한이 마을에 나타나서 사람들에게 말했다.

"두려워하지 말거라. 내가 너희를 불행에서 구해 주마. 사람을 잡아먹는 거인은 더 이상 너희를 건드리지 못할 것이다!"

그리고 부르한이 거인을 불러들였다. 거인은 부르한이 앉아 있는 산으로 기어 올라가 세상을 둘러보았다.

"내가 너를 만들 때 딱 한 가지 생명체만 먹도록 했는데 어째서 너는 사람들을 먹는 것이냐?"

---

2) 시베리아 소수민족 신화 속의 천상의 신.

3) 시베리아 소수민족 신화에 등장하는 지하세계의 가장 우두머리 신.

부르한이 거인에게 그렇게 말하자 사람을 잡아먹어 부르한의 계율을 이미 거역한 거인은 아무 대답도 하지 못했다.

“너를 용서할 수 없다. 만족을 모르는 탐욕스러운 너를 용서할 수 없다! 너는 이제부터 사람들이 과거에 한 번도 가지 않았고 현재에도 갈 수 없고 앞으로도 가지 못할 그런 곳에서 살게 될 것이다. 달에 가서 살아라!”

부르한은 그렇게 결정하고 명을 내렸다. 그리고 아자한을 불러서 그의 명을 행하도록 했다. 아자한은 거인을 들어 올려 달로 끌고 갔다. 그러나 거인은 자신의 주체할 수 없는 식탐을 어쩌지 못하고 땅에서 한 사람을 먹잇감으로 함께 끌고 갔다. 힘이 무척 센 아자한도 거인에게 딱 붙어 끌려가는 사람을 떼어 낼 수 없었다. 그렇게 아자한은 거인을 달로 데려가서 부르한의 결정을 실행에 옮겼다. 거인은 사람이 살지 않는 달에서 지금까지 살고 있다.

달을 바라보면 어두운 점들과 그림자들이 보인다. 눈이 좋은 사람은 거인의 모습을 쉽게 볼 수 있다. 구부린 채 그 거대한 손으로 사람의 손을 잡고 있는 모습을 볼 수 있다.

일곱 처녀

아주 멀고 먼 옛날 이 땅에 일곱 명의 처녀가 살고 있었다. 처녀들은 누구하고도 결혼하지 않고 그들끼리만 살았다. 몇 년이 지난 후에도 역시 그들은 일곱 명이었다. 그러자 사람들은 이러쿵저러쿵 수군대기 시작했다. 사람들은 부르한에게 도와 달라고 빌었다. 그러던 어느 날 부르한이 왔다.

"너희들은 여기서 왜 이렇게 살고 있느냐?"

"저희도 어쩔 수 없이 이렇게 살고 있어요. 남자들을 찾을 수도 없고 자식을 낳을 수도 없어 예전처럼 이렇게 저희들은 일곱이 살고 있어요."

일곱 처녀는 서로 다른 일곱 종족 출신이었다. 부르한이 말했다.

"그렇다면 내가 너희를 다르게 만들어 주마! 너희는 이제 어디로 갈 거니?"

"저희는 하늘로 올라갈 거예요."

"하늘로 가서 별이 되어라! 일곱 개의 별이 되어라!"

부르한이 그렇게 말하자 일곱 처녀는 별이 되었다. 사람들은 그 일곱 개의 별을 '큰곰자리별'이라고 부르게 되었다.

당시 일곱 처녀들이 여기에 살았을 때 사람들은 좋은 일이 아무것도 없다고 말하곤 했다. 부르한이 그것을 알아차리고 그 처녀들 대신 다른 사람들을 살게 만들었다. 여자들과 남자들, 아들들과 딸들을 함께 창조했다. 그 후 사람들은 이 땅에 제일 처음 나타난 인간은 바로 일곱 처녀였다고 생각하게 되었다.

세 마리 사슴

멀고 먼 옛날 인간이 사냥을 하며 살고 있었다. 아주 옛날 인간은 아주 빨랐다. 어떻게 그렇게 빨랐을까? 당시 인간은 맹수와 같은 대퇴부를 가지고 있었다. 인간의 다리는 맹수의 다리와 흡사했다. 그래서 빠를 수 있었던 것이다. 사람이 맹수를 따라가면 그 어떤 맹수도 도망가지 못했다. 인간은 어떤 맹수에게도 달리기에서 뒤지지 않았고 맹수를 죽이고 잡아먹었다. 양식이 될 만한 것을 결코 놓치지 않았다. 인간은 과도하게 너무 많은 맹수를 식량으로 먹어 치웠다. 부르한이 그것을 보고 인간을 잡아들여 맹수의 것과 흡사한 대퇴부를 잘라 버렸다. 사람의 다리를 네발짐승의 앞다리처럼 만들어 버렸다. 이제 인간은 그 어떤 맹수도 따라갈 수 없게 되었다. 그러자 인간은 사냥을 하기 위해 개를 키우는 것을 생각해 냈다. 개와 함께 빙판을 따라 사냥을 하기 시작했다. 그리고 말을 키웠다. 빠른 말을 타고 착한 개들과 함께 다니며 살아 있는 것을 닥치는 대로 놓치지 않고 잡아먹었다.

그러던 어느 날 인간이 세 마리 사슴을 쫓으라고 두 마리의 개를 풀었다. 부르한이 그것을 보고 세 마리 사슴과 두 마리의 개를 하늘로 올려놓았다. 그 후 세 마리 사슴과 두 마리 개는 하늘에 있게 되었다.

한편 인간은 자신의 개를 찾을 수 없게 되자 말을 타고 개를 찾으러 여기저기 다녔다. 하늘로 올라간 개들은 세 마리 사슴을 향해 짖어 댔다. 인간은 말에 탄 채 하늘로 올라갔다. 두 마리 개가 세 마리 사슴에게 짖어 대는 것이 보였다. 말을 묶어 놓은 후 인간은 가운데 사슴을 향해 활을 쏘았다. 화살은 명중해서 사슴을 뚫고 날아갔다. 부르한이 그 모든 것을 보고 말과 활, 화살과 함께 인간을 잡아 놓았다. 그 후 세 마리 사슴, 두 마리 개, 말, 인간, 화살은 별로 변해서 하늘에 남아 있게 되었다.

달사람

옛날 옛적에 한 집에 다섯 식구가 살고 있었다. 한 남자아이가 부모를 잃고 혼자 남게 되자 이 다섯 식구의 가장이 그 남자아이를 데리고 와서 함께 살게 되었다. 어느 날 저녁 가장의 아내가 그 남자아이에게 물을 길어 오라고 했다. 자작나무로 만든 양동이와 솥을 들고 소년은 물을 길으러 갔다. 마녀가 얼음 빙판 위에 서 있었다. 그러나 소년의 눈에는 마녀가 아니라 하늘의 달로 보였다. 달에 있던 마녀는 소년을 달로 데리고 올라갔다. 그때부터 달에는 사람의 형상이 나타나게 되었다. 한 손에는 자작나무 양동이를, 다른 한 손에는 솥을 들고 있는 사람의 모습이 나타나게 되었다. 그때부터 사람들은 그 소년을 달사람으로 부르게 되었다.

세 명의 용사

옛날 옛적에 세 형제가 살았다. 세 형제는 이 세상에서 가장 힘이 셌다. 그들은 닥치는 대로 다 부수고 먹어 치웠다. 그들이 걸어 다니면 땅이 진동했다. 어느 날 세 형제 중 가장 힘이 센 용사가 걸어가고 있을 때 한 남자가 말을 타고 가고 있었다. 그는 다름 아닌 부르한이었다. 그들은 함께 집을 지을 터를 닦기 시작했다. 용사가 부르한에게 말했다.

"낙엽송을 뽑아서 집터로 가져와! 가장 큰 것을 골라 와!"

부르한은 자신이 타고 다니는 말의 도움을 받아도 낙엽송을 뽑을 수 없었다. 그러나 용사는 낙엽송을 잡고는 한 번에 뽑아서 가져왔다. 그것을 본 부르한이 생각했다.

'저렇게 힘센 인간이 이 땅에 살아서는 안 돼. 모든 것을 부수고 망가뜨릴 거야.' 용사는 자신이 만난 사람이 부르한이라는 사실을 전혀 몰랐다.

그 일이 있은 후 부르한은 세 형제를 죽이기로 결심했다. 세 형제가 놀이를 하는 장소가 있었다. 부르한이 그 장소를 발견하고 거기에 아주 예쁘고 단단한 상자를 놓아두었다. 어느 날 세 형제가 놀이를 하려고 그 장소에 가 보니 아주 크고 예쁜 상자가 놓여 있었다. 큰형이 그 상자에 들어가서 누웠다. 그러자 상자 문이 닫혀 버렸다. 두 동생이 문을 열려고 했으나 상자는 열리지 않았다. 상자 문이 열리지 않자 두 동생은 다음에 오기로 하고 그곳을 떠났다. 다음 날 와서 보니 상자는 돌로 변해 있었다. 두 형제는 서로 헤어졌다.

둘째는 물고기를 잡으러 바다로 떠났다. 그가 바닷가로 다가가자 물이 그를 덮쳤다. 그 후 그는 물의 정령이 되었다.

셋째는 밤에 물을 길으러 갔다. 한 손에 솥을 들고 걸어가자 달이 그를 끌어당겼다. 달이 그를 하늘로 끌어당기자 그는 다른 한 손으로 나무를 움켜잡았다. 그러나 그는 오랫동안 버틸 수가 없었다. 달이 그를 나무와 함께 하늘로 끌어당겼다. 그때부터 달 표면에는 한 손에 솥을, 다른 한 손에 나무를 잡고 있는 사람의 모습이 보이게 되었다. 우리 땅에는 그 이후로 힘센 용사들이 사라졌다. 한 용사는 돌로 변했고, 다른 한 용사는 물의 주인인 물의 정령이 되었고, 세 번째 용사는 달에서 볼 수 있게 되었다.

월식이 일어나는 이유

옛날 옛적에 이 세상이 창조될 때, 부르한은 여기저기 돌아다니다 땅을 만들었다. 부르한은 흰 털옷을 입고, 아자한은 검은 털옷을 입고 있었다. 아자한은 부르한에게 땅을 좀 달라고 부탁했다. 그러나 부르한은 주지 않다가 자기가 들고 있는 지팡이 끝에 놓여 있는 작은 땅을 주었다. 지팡이가 찌르고 있는 그 땅에서 뱀 한 마리가 기어 나왔다. 부르한은 아자한에게 화를 냈다. 부르한은 아자한을 죽이려고 그를 추격했다. 그러자 아자한은 달아나서 바다로 들어가 작은 물고기로 변했다. 부르한은 연어로 변해 작은 물고기들을 먹어 치웠다. 물고기가 한 마리만 남게 되자 부르한은 그 물고기를 마저 잡아먹으려고 했다. 부르한이 뒤쫓자 아자한은 달아났다. 아자한은 곡식 알갱이로 변해서 땅에 흩어졌다. 부르한은 닭으로 변해 곡식 알갱이를 다 먹어 치웠다. 그런데 딱 한 개의 알갱이가 하늘로 올라가서 마귀로 변했다. 부르한은 하늘로 올라가서 종으로 마귀의 목을 눌렀다. 마귀는 해에 숨어 버렸다. 달이 부르한에게 말했다.

"마귀가 해에 숨었어요."

월식이 일어났고 달은 부르한에게 저기 마귀가 서 있다

고 말하며 마귀에 대한 악담을 하기 시작했다. 마귀는 부르한을 땅으로 던져 버렸다. 그리고 다시 돌아왔다. 마귀는 부르한이 자신을 뒤쫓지 못하게 하려고 부르한을 던져 버렸다.

지금 마귀는 달에 산다. 가끔 마귀 때문에 월식이 일어나곤 한다.

인간이 만들어진 유래

맨 처음에 인간은 없었다. 이 대지에는 바다와 얼음만이 있었다. 땅이 녹고 마르기 시작하자 부르한은 풀로 사람을 만들었다. 부르한은 인간의 모든 것을 만들었으나 단지 눈을 만들지 못했다. 한편 개는 털이 없이 벌거숭이로 있었다. 부르한은 개에게 자신이 만든 인간을 잘 지키라고 말하고 눈을 찾아 떠났다. 개가 앉아서 망을 보고 있는데 아자한이 왔다.

"너는 왜 여기 앉아 있니?"

"인간을 지키고 있어요."

아자한은 개를 향해 침을 세 번 뱉었다. 그러자 개는 털이 수북해졌다. 인간은 침 범벅이 된 채 코를 흘리며 앉아 있었다. 부르한은 인간에게 눈을 붙여 주었다. 그러나 인간의 침과 코를 완전히 다 닦아 줄 수 없어 돌아섰다. 그러자 인간이 벌떡 일어나서 걷기 시작했다. 그렇게 인간이 창조되었다.

곰의 콩팥이 여러 짐승에게서 온 이유

부르한이 짐승들을 만들었는데 곰에게 콩팥이 없다는 것을 알게 되었다. 곰은 그것을 처음에는 몰랐다. 그런데 곰은 다른 짐승들처럼 소변을 볼 수가 없었다. 그 사실을 알고 난 후 곰은 서럽게 울기 시작했다. 그때 숲에 사는 짐승들이 모여서 곰에게 물었다.

"할아버지! 왜 그렇게 우세요?"

"어떻게 내가 울지 않을 수 있겠니? 나에게는 콩팥이 없어. 그래서 소변을 볼 수가 없어."

곰은 그렇게 말하고는 더 서럽게 울기 시작했다. 짐승들은 오랫동안 회의를 한 끝에 각자 자신의 콩팥을 조금씩 떼어서 곰에게 주기로 결정했다. 짐승들의 콩팥이 모아졌고 곰에게 그것을 주었다. 그래서 곰에게는 콩팥 두 개가 생겼고 다른 짐승들처럼 소변을 볼 수 있게 되었다.

맞다. 만일 곰을 잡아 콩팥을 떼어서 끓이면 여러 개의 조각을 볼 수 있다. 이것이 바로 숲에 사는 짐승들이 떼어낸 콩팥 조각이다. 그렇게 짐승들은 부르한이 한 실수를 함께 바로잡았다.

사슴과 사향고양이

아주 먼 옛날 모든 짐승들에게는 꼬리가 달려 있었다. 사향고양이에게도 꼬리가 있었다. 그때 그 시절 사향고양이에게는 길고 탐스러운 꼬리가 있었다.

하루는 사향고양이가 사슴을 만났다. 사슴이 사향고양이에게 물었다.

"대체 네 정체가 뭐니? 어떤 짐승이야?"

"사향고양이야. 사슴 종류야. 그러는 너는? 어떤 짐승이야?"

"사슴. 큰사슴. 나 역시 사슴 종류야! 그런데 어떻게 우리가 친척일 수 있지? 나는 이렇게 큰데 너는 너무 작아! 이유가 뭘까?"

사향고양이가 말했다.

"비록 네가 덩치는 크지만 내가 몸에 털이 더 많아! 어때? 세어 보자! 우리들 중 누가 털이 더 많은지!"

사슴이 물러서지 않았다.

"내가 더 많아! 너는 작고 나는 크니까!"

그들은 서로 털을 세기 시작했다. 세고 또 세었다. 사향고양이의 털이 다섯 올 더 많았다.

사향고양이는 기뻐서 웃음을 터뜨렸다.

"내가 더 많아! 내가 더 많아!"

그 말을 들은 사슴은 몹시 화가 났다. 사슴은 원래 크고 항상 모든 면에서 최고라는 것에 익숙했기 때문이다. 화가 난 사슴은 자신의 두꺼운 발바닥으로 사향고양이를 때렸다. 그러나 민첩한 사향고양이는 살짝 옆으로 피했다. 사슴은 사향고양이의 꼬리를 살짝 때렸다. 사향고양이는 달아나기 시작했다. 사슴은 사향고양이를 따라잡아 다시 때렸다. 사향고양이는 작지만 아주 민첩했다. 사슴의 발바닥이 사향고양이의 등을 스쳐 갈기털에 걸렸을 뿐이다.

그때부터 사향고양이에게는 꼬리가 없어졌고 갈기가 두 개로 갈라졌다. 사람들이 그렇게 이야기한다.

곰과 다람쥐

아주 먼 옛날 굶주린 곰 한 마리가 먹을 것을 찾아서 어슬렁 어슬렁 돌아다녔다. 그해에는 나무 열매와 도토리가 없었다. 곰은 온 산을 다 돌아다녔다. 그러나 사람들이 볼까 봐, 만일 사람들에게 들키면 화살에 맞으니까 산 깊숙한 곳으로 다녀야만 했다. 그렇게 곰은 어린 삼나무가 많은 산꼭대기를 걸어가다가 도토리가 많이 있는 것을 발견했다. 가서 자세히 살펴보니 다람쥐가 뛰어가고 있었다. 다람쥐는 곰을 발견하고는 자신의 굴로 들어가 버렸다. 곰은 다람쥐에게 말을 걸기 위해 굴로 다가갔다. 그러나 다람쥐는 말을 하지 않고 울음소리만 낼 뿐이었다. 그러자 곰은 다람쥐가 들어간 곳을 파기 시작했다. 마침내 다람쥐가 있는 곳까지 파 들어갔다. 다람쥐가 거기에 앉아 있었다.

다람쥐가 말했다.

"도토리 먹어!"

곰은 도토리를 먹기 시작했다. 곰은 도토리를 배불리 먹은 후 다람쥐에게 말했다.

"이제 배가 부르네. 이제 보니 너는 참 훌륭하구나! 항상 이렇게 살면서 모든 짐승들이 배불리 먹을 수 있도록 음식을 줘."

그러고 나서 곰은 다정하게 다람쥐의 등을 쓰다듬었다. 곰이 다섯 개의 발톱으로 쓰다듬은 그 자리에 다섯 개의 줄이 생겼다. 그래서 다람쥐의 등에는 줄이 생기게 된 것이다. 그때부터 곰은 다람쥐가 사는 굴을 보면 파고 들어가서 도토리를 먹는다.

곰이 벌을 받게 된 이유

예전에 곰은 모든 동물들을 괴롭혔다. 곰은 크고 힘이 셌고 우렁차게 포효했다. 누구든 겁을 집어먹었다. 곰은 어린 짐승들과 새들을 죽음에 몰아넣고 나무를 부러뜨리고 숲에 사는 짐승들이 힘들게 공들여서 만든 둥지를 망가뜨렸다. 수많은 짐승들을 못살게 굴고 상처를 주었다.

그래서 짐승들은 타이가의 주인인 곰을 진정시키기 위해 조용히 곰에게 건의하기 시작했다. 그러나 곰은 짐승들의 말을 들으려고 하지도 않았다.

"나를 가르치려고 하지 마. 나도 알아. 그러나 내가 원하는 것은 하고 말 거야."

10월 중순이 되었다. 시베리아에서는 그때 벌써 노란 잎사귀들이 다 떨어져 버린다. 그리고 차가운 바람이 거세게 불어 모든 짐승들이 서둘러 월동 준비를 하도록 재촉한다. 이제 힘든 계절이 코앞에 놓여 있다. 그래서 짐승들은 생각에 잠겼다.

'이제 곰과는 앞으로 어떻게 하지? 만일 곰이 계속해서 지금처럼 행동한다면 더 이상의 선은 바랄 수 없어. 더 나빠질 거야.'

전 타이가에서 짐승들과 새들이 모였다. 들판을 꽉 채웠고 나무와 바위에 빼곡히 앉았다. 보이는 곳에도 보이지 않는 곳에도 모였다. 곰을 어떻게 할지 결정하기 위해 모인 것이다. 곰에 대한 재판이 열렸다. 재판관에 사슴이 임명되었다. 크고 작은 짐승들이 그들이 받은 상처에 대해 말했다. 짐승들은 저마다 말을 했다. 얼마나 소란스러운지 마치 미증유의 태풍이 이는 것 같았다. 곰은 난생처음 그런 것을 경험했다. 그는 잔뜩 움츠러들어 아주 작고 가여워졌다. 마침내 곰에게 선고가 내려졌다. 곰을 겨우내 감금하라는 명령이 떨어졌다. 그때부터 곰은 겨울에 타이가를 돌아다니지 못하게 되었다. 자신의 어리석음 때문에 벌로 깊은 잠을 자게 된 것이다. 그러자 곰은 조금 온순해졌다.

"유순하게 살아야 한다!"

귀신의 관목 숲

아주 먼 옛날이었다. 하루는 모든 숲 속의 짐승들이 부르한에게 인간에 대한 불평을 하러 갔다. 인간이 숲 속의 짐승들을 하나도 불쌍히 여기지 않고 활과 화살로 모두 차례차례 죽이고 있기 때문에 머지않아 짐승들이 하나도 남지 않게 될 것이라고 불평했다. 숲은 어디나 훤히 열려 있기 때문에 인간이 쏜 화살을 피할 곳이 전혀 없고 철쭉이 우거진 곳도 없고, 오리나무 풀도 없고 관목 숲이 전혀 없어서 어디서나 모든 것이 다 보인다고 불평했다.

부르한은 짐승들의 이야기를 다 듣고 난 후 잠시 생각에 잠겼다. 잠시 후 입을 열었다.

"나는 이 땅과 너희들, 이 땅에 있는 모든 것을 만들었다. 이제 나는 더 이상 그 어떤 것도 추가로 만들 수 없다. 그러나 너희의 상처를 치료해 주고 불만을 들어 줄 수는 있다. 불만을 시정해 줄 수는 있다. 아자한에게 가서 인간과 그의 화살을 피할 수 있는 곳을 만들어 달라고 부탁해라. 아자한은 다양한 비밀스러운 장소와 함정을 만드는 데 고수다. 너희 중 건강한 자들을 골라 속히 아자한을 찾아가도록 하고 상처 입은 자들을 내게 보내라. 내가 다 치료해 주마."

부르한의 결정을 들은 짐승들은 치료를 받으러 부르한에게 갔고, 다치지 않은 건강한 짐승들은 아자한을 찾으러 떠났다. 짐승들이 아자한을 찾는 데는 오래 걸리지 않았다. 그는 아주 가까운 데 있었다. 짐승들은 아자한에게 인간의 만행과 부르한의 결정에 대해 말했다. 아자한은 다시 한번 인간을 약 올릴 수 있는 기회가 생겼다는 게 아주 기뻤다. 아자한은 짐승들에게 말했다.

"바로 이게 너희에게 줄 오리나무와 진달래 씨앗이다. 이 씨앗을 너희 등에 놓을 테니 산과 숲을 따라 뛰어다니며 이 씨를 뿌려라. 단 오리나무는 그늘과 수분을 좋아하니 그 씨는 북쪽 산등성이와 강가에 뿌려야 한다. 진달래 씨는 남쪽 산등성이 특히 가파른 곳에 뿌려라. 이 씨에서 관목이 울창하게 자라게 되면 너희가 숨기에 좋은 장소가 될 것이다. 인간은 관목 숲을 기어들어 갈 수 없으니 더욱이 거기에 숨은 너희를 화살로 죽일 수는 없을 거다."

짐승들은 아자한의 말을 듣고 나서 감사를 표하고 등에 오리나무와 진달래 씨를 달고 사방으로 흩어졌다. 짐승들은 그 씨를 숲 여기저기 뿌렸고 그들이 지나간 자리에는 울창한 오리나무와 진달래 숲이 자랐다. 북쪽 산등성이는 오리나무로 뒤덮였고 남쪽 산등성이는 진달래로 뒤덮였다. 가파른 산등성이는 진달래로 뒤덮여서 사람이 통과할 수 없게 되었다.

이제 토팔라르 사냥꾼이 사냥하러 숲에 오면 짐승들은 숨을 곳이 있다. 특히 흑담비는 오리나무 숲을 좋아하게 되었다. 그래서 지금도 흑담비는 주로 거기에 모여 있다. 사냥꾼들은 오리나무 숲을 저주하게 되었고 그 숲을 '귀신의 관목 숲'이라 부르게 되었다.

세 형제

아주 오랜 옛날 초원에 세 형제가 살았다. 세 형제는 양과 젖소를 치며 살았다. 첫째는 '달걀머리'라는 이름으로 불렸고, 둘째는 '풀 다리', 막내는 '가는 목'으로 불렸다. 어느 날 아침 '가는 목'이 앉아서 고기를 삶고 있었다. 그는 형들이 보지 않는 틈을 타 삶은 고기를 먹으려고 했다. 그런데 큰 고깃덩어리를 꿀꺽 삼키려고 했으나 넘어가지 않고 걸려 버렸다. 그 광경을 본 '풀 다리'가 소리를 질렀다.

"아이고! 막내 목에 고기가 걸려 죽었네! 나쁜 놈 같으니. 몰래 훔쳐 먹다니!"

둘째가 그렇게 말한 후 손으로 자신의 다리를 치자 다리가 산산이 부서져 버렸다. 둘째는 그 자리에서 죽었다. 첫째가 그 광경을 보고 나서 말했다.

"도대체 무슨 일이야? 무슨 일들을 한 거야?"

첫째는 손톱의 반이 들어갈 정도로 자신의 머리를 할퀴었다. 첫째는 손톱이 뇌 속으로 들어가 그 자리에서 죽었다.

그렇게 세 형제는 죽게 되었다. 세 형제가 키우던 양과 젖소의 절반이 사나워졌고 멀리 달아났다. 그때부터 야생 양과 뿔이 달린 젖소가 나타나게 되었다고 한다. 세 형제가 키우던 가축의 절반은 그대로 남았다. 노인들이 그렇게 이야기한다.

물의 주인

옛날 옛적에 물의 주인이 있었다. 한 남자가 그물을 물에 던졌다.

물의 주인이 남자에게 말했다.

"왜 그물을 물에 넣니?"

"물고기를 잡아서 먹으려고!"

물의 주인은 자신의 물고기가 불쌍했다.

"물고기를 절대 주지 않을 거야! 너와 싸울 거야!"

남자와 물의 주인은 싸웠다. 남자가 물의 주인을 이겼다. 물의 주인은 힘이 약했다. 물의 주인이 말했다.

"내일 다시 싸울 거야."

"너는 내 상대가 될 수 없어. 내일은 내 동생과 싸워."

다음 날이 되었다. 남자는 산속의 풀밭에 누워 있는 동생에게 물의 주인과 싸우라고 명령했다. 동생은 다름 아닌 곰이었다. 물의 주인은 싸우기 위해 살금살금 다가왔다. 그때 곰은 풀을 뜯어 먹고 있었다. 곰에게 다가간 물의 주인은 괴음을 내며 곰에게 달려들었다.

"이얏! 이얏!"

곰이 싸움에서 이겼다. 물의 주인은 도망쳤다.

다음 날 물의 주인은 구름을 향해 자신의 채찍을 던졌다. 그것을 본 남자가 말했다.

"나는 버드나무 가지를 던질 거야."

남자는 버드나무 가지를 뒤에서 던졌다. 물의 주인은 그것을 알지 못했다. 물의 주인이 말했다.

"이제 나는 너와 싸우지 않을 거야. 너희들 인간은 강해! 너희를 이길 수 없어! 산에서 사는 너희는 너희 산에서 살아! 나는 나의 물에서 살 테니! 내 물고기를 잡아먹어! 나는 너희들이 물속에서 밖으로 나오는 방법을 알려 주지 않을 거야!"

부모 없는 청년과 귀신들

부모 없는 청년이 있었다. 사람들은 그 청년에게 주의를 기울이지 않았다. 청년은 두 갈래의 갈림길 옆에 누워 있었다. 청년이 누워 있을 때 두 귀신이 그를 잡아먹으려고 했다. 그러나 귀신은 청년을 잡아먹지 않고 데리고 가서 자신들의 우두머리로 만들어 버렸다. 이제 귀신은 고아 청년과 함께 셋이 같이 지내게 되었다.

귀신들은 부자의 딸을 병에 걸리게 만들었다. 귀신들은 부잣집 딸의 영혼을 작은 가죽 자루에 넣었다. 부모 없는 청년은 그 자루가 보고 싶었다. 청년은 자루를 들고 가시덤불로 들어갔다. 귀신들은 벌거숭이이기 때문에 가시를 두려워했다. 부모 없는 청년은 가시덤불 속에 숨었고 귀신들은 그를 찾을 수 없었다.

청년은 부자가 사는 집으로 갔다. 부자의 딸은 누워 있었다. 부자가 청년에게 말했다.

"아픈 사람을 낫게 할 수 있겠나?"

"만일 사람들이 저를 필요로 한다면 낫게 할 수도 있고 저를 필요로 하지 않으면 낫게 하지 않을 수도 있어요."

"낫게 해 준다면 이 아이를 자네의 아내로 맞이할 수 있게 해 주겠네!"

부자의 말을 들은 청년이 자루의 끈을 풀었다. 끈을 풀고 난 후 자루를 여자 옆에서 털었다. 그러자 여자의 병이 바로 나았다. 부모 없는 청년은 여자를 아내로 맞이했다. 귀신들은 그 산을 떠나 더 이상은 나타나지 않았다.

콘조크 가문이 나타나게 된 이야기

아주 오랜 옛날 우다 강가에 한 토팔라르 사냥꾼이 살았다. 당시 사람들에게는 총이 없었다. 사냥꾼의 이름은 쿨라마이였다. 그의 아내 이름은 마이마야크였다. 쿨라마이에게는 두 명의 하인이 있었는데 한 하인은 여자였다. 그녀의 이름은 칼랴이였다. 다른 하인은 남자였고 이름은 문호였다. 쿨라마이에게는 아이가 없었다.

쿨라마이는 왜 아이가 생기지 않는지 샤먼에게 가서 물었다. 샤먼은 점을 친 후 말했다.

"독수리의 날개를 찾아서 가지고 오게. 내가 굿을 하고 그 날개로 부적을 만들 거야. 그러면 아이가 생길 거야."

쿨라마이는 두 개의 바위를 알고 있었다. 한 바위는 여자바위이고 다른 바위는 남자바위였다. 어느 날 쿨라마이는 남자 하인인 문호와 그 바위를 오르기로 했다. 다음 날 아침 쿨라마이와 문호는 올가미와 다른 필요한 것들을 다 챙겨서 바위로 가서 기어올랐다. 바위 꼭대기에 오르자 쿨라마이가 말했다.

"내 몸에 줄을 묶어 독수리 둥지로 내려갈 테니 너는 줄 끝을 잡고 아래로 조금씩 내려보내."

쿨라마이는 자기 몸에 줄을 묶고 아래로 내려갔다. 문호는 줄을 조금씩 내려뜨렸다. 거의 아래로 내려오자 쿨라마이가 말했다.

"됐어. 다 왔어."

그러자 문호는 잡고 있던 줄을 놓아 버렸다. 그러고 나서 그는 집으로 돌아왔다. 쿨라마이는 독수리 새끼들이 있는 동굴에 남겨졌다.

집에 도착한 문호는 서둘러 다른 유목지로 옮겼다. 문호는 당시 마이마야크와 좋아하는 사이였다. 문호는 마이마야크를 아내로 삼았다.

여름이 끝나자 그 집에 살던 사람들은 골짜기로 내려갔다. 그들은 가던 길에 남자바위와 여자바위가 있는 바로 그 산기슭에서 밤을 지내게 되었다. 쿨라마이는 그때까지 아직 살아 있었고 그 바위 동굴에서 여름을 보냈다. 동굴의 높은 곳에 있는 쿨라마이의 눈에 사슴들이 풀을 뜯고 있는 것이 보였다. 그는 사슴들을 알아보았다. 그가 치던 사슴들이었다. 그해 여름에 쿨라마이는 몹시 배가 고팠고 갈증이 났다. 가끔 비가 오고 난 후에는 바위가 촉촉해졌고 바위를 따라 아래로 물방울이 흘러내렸다. 쿨라마이는 양 손바닥을 오므려 물방울을 받아 마셨다. 물방울이 적을 때는 자신의 촉촉한 손바닥을 핥을 때도 있었다. 불볕더위에는 바위가 바싹 말랐다. 새끼 독수리들이 눈물을 흘리기도 했는데 그러면 그들의 부리에서 물방울이 떨어졌다. 쿨라마이는 손바닥으로 그 물방울을 받아서 핥았다.

칼랴이는 작은 회색 순록에 활과 화살통을 실었다. 이동식 천막은 다른 데로 가기 위해 철거되었고 순록은 짐을 실은 채 말뚝에 매여 있었다. 쿨라마이는 활과 화살통을 집어 순록을 타고 천막이 이동한 뒤를 쫓았다. 순록은 달렸다. 쿨라마이는 활과 화살, 화살통을 붙잡았다. 쿨라마이가 나무 그루터기를 향해 화살을 쏴 보았다. 활줄이 느슨했다. 쿨라마이는 활을 태양 쪽으로 향하게 해서 말렸다. 그러자 활줄이 팽팽해졌다. 쿨라마이가 잘 마른 활줄을 당겨 멀리 있는 곳을 향해 화살을 날리자 명중했다.

쿨라마이는 이제 자신과 싸우려는 자는 목숨을 잃게 될 것이라고 스스로에게 다짐하며 맹세했다. 그러고 나서 이동식 천막이 이동한 흔적을 따라갔다.

한편 천막 안에서 사람들이 잘 준비를 마치고 차를 마실 때 회색 순록이 황급히 들어왔다. 칼랴이는 순록이 왜 놀라서 뛰어들었을까 하고 생각하고는 서둘러 온 길로 되돌아갔다. 얼마쯤 가니 쿨라마이가 서 있었다.

"문호를 죽이고 말 테다."

칼랴이가 말했다.

"모두 잠들어 있는 아침에 오세요! 기습하셔야 해요."

아침 일찍 쿨라마이가 왔다.

"이놈! 문호! 너를 죽이고 말 거야!"

문호는 벌떡 일어나 자신의 활과 화살 쪽으로 돌진했다. 바로 그때 쿨라마이는 그의 겨드랑이를 향해 화살을 쏘았다. 마이마야크가 자리에서 일어나 소리치기 시작했다.

"죽이지 마세요! 저는 죄가 없어요!"

"그게 말이 돼?"

쿨라마이는 그렇게 말하며 아내를 향해 화살을 날렸다. 화살은 아랫배에 명중했다. 상처가 난 곳에서 아기의 팔이 보였다.

"사람을 죽인 사람을 사람이 죽인다."

쿨라마이가 그렇게 말하고 화살을 쏘자 마이마야크가 쓰러졌다.

그 일이 있은 후 사람들은 옘데카 강을 '마이마야크가 소리를 질렀던 장소'로 불렀다. 강의 상류에 있는 원추 모양의 둥근 산을 '화살통 산'이라고 불렀다.

쿨라마이와 칼랴이는 그 후 둘이 살게 되었다. 그들에게 아이들이 태어났다. 그들은 아이들을 많이 낳았고 그때부터 콘조크 가문이 생겼다고 전해진다.

용감한 사냥꾼과 독수리

아주 오랜 옛날 토팔라르인이 사는 땅에 돈이 많은 사냥꾼이 살았다. 그의 이름은 미히시카였다. 그는 아내 모시란과 여섯 살배기 아들 클류게와 함께 살았다. 미히시카의 어머니 페투룬도 그들과 함께 살았다. 페투룬은 착하고 조용한 여인이었다. 페투룬은 집에 찾아오는 사람들을 모두 융숭하게 대접하곤 했다. 토팔라르 사냥꾼들은 모두 그녀를 존경했다.

미히시카는 아들을 아주 사랑해서 일이 없는 한가한 시간에는 항상 아들과 놀아 주었다. 그런데 미히시카는 최근 들어 아들이 자주 아프고 심하게 마르고 힘이 없이 약해지는 것을 알게 되었다. 미히시카는 슬펐고 아들이 가여웠다.

어느 이른 봄날 아들의 병세를 걱정하던 미히시카는 유명한 샤먼인 파티치에게 다녀오기로 결심했다. 그는 떠날 때 샤먼에게 답례하기 위해 통통하게 살이 오른 암사슴 두 마리를 끌고 갔다. 그는 사흘 후 샤먼의 집에 당도했다. 샤먼은 미히시카를 맞이하며 말했다.

"먼 데서 누군가가 내게 오고 있다는 것을 느꼈소. 멀리서 오느라 피곤할 테니 요기를 하고 좀 쉬시오. 그러고 나서 당신이 나에게 온 이유에 대해 이야기를 나눕시다."

샤먼은 미히시카를 자신의 집으로 데리고 갔다. 미히시카는 요기를 하고 좀 쉰 후 샤먼에게 자신의 아들에 대해 이야기를 했다.

"내 아들이 심하게 앓고 있는데 도대체 무슨 병인지 알 수가 없습니다. 몸은 말라 가고 눈은 퀭합니다. 아무리 좋은 음식을 먹여도 너무 말라서 갈비뼈를 셀 수 있을 정도입니다. 힘이 하나도 없어 보이고 얼굴은 핏기가 없습니다. 저희가 치료를 하려고 해도 아무 소용이 없습니다. 약초란 약초는 전부 달여 먹였고 사슴의 신선한 피도 먹여 보았으나 아무 소용이 없었습니다. 그래서 이렇게 당신에게 도움을 구하러 왔습니다. 저를 도와주십시오. 제 아들을 고쳐 주십시오!"

"아무렴. 도와주겠소! 해가 떨어지기 전에 굿을 할 거요. 그런데 아들 물건 중 어떤 것을 가지고 왔소?"

"사슴 가죽으로 만든 겨울 외투를 가지고 왔습니다."

"잘했구먼."

저녁에 해가 떨어지기 전 샤먼의 넓은 집에 동네 사람들이 전부 모였다. 사람들은 샤먼이 해가 떨어지기 전에 굿을 하리라는 것을 다 알고 있었다. 사람들은 편한 자리를 잡고 앉았다. 미히시카는 샤먼 가까운 곳에 앉았다. 미히시카 옆에는 백발이 성성한 노인들이 자리를 잡았다. 뒤에는 다른 어른들이 자리를 차지했다. 아이들은 샤먼이 굿하는 것을 보기 위해 샤먼 집으로 모여들었다. 샤먼 집에 자리를 못 잡은 사람들은 위로 올라갈 수밖에 없었다. 굴뚝을 통해 더 잘 보이기 때문이다.

파티치는 불길이 활활 타는 아궁이 옆에 앉았다. 그는 평상시대로 샤먼 옷을 입었다. 아무 말 없이 앉아서 담뱃대를 빨고 있었다. 그의 양옆에는 굿하는 것을 배우려는 청년 두 명이 앉아 있었다. 두 청년은 주로 샤먼의 행동을 도와주었다. 샤먼 근처에는 큰 북과 북채, 클류게의 털옷이 놓여 있었다.

파티치는 담배를 다 피운 후 아무 말 없이 미동도 하지 않고 조금 앉아 있다가 마침내 일어났다. 한 청년이 아주 공손하게 샤먼에게 북과 북채를 건넸다. 샤먼은 북채로 북을 가볍게 쳐 대기 시작했다. 적막한 집에 둔탁한 소리가 울려 퍼졌다. 처음에는 거의 들릴락 말락 하는 작은 소리였으나 점점 큰 소리로 변했다. 샤먼은 천천히 어깨를 흔들기 시작했다. 샤먼이 입은 두루마기 위에 달린 장식에서 청동과 은으로 만든 종들이 딸랑딸랑 소리를 내기 시작했다. 모두들 숨을 죽인 채 샤먼을 바라보았다. 샤먼은 점점 더 빨리 움직이기 시작했다. 북의 둔탁한 소리는 점점 가벼워져 멀리까지 울려 퍼졌다. 샤먼 옷에 달린 종들도 점점 더 쇳소리를 내며 짤랑거렸다. 샤먼이 노래하기 시작했다. 자신의 움직임과 북의 두드림에 박자를 맞추어 발을 굴러 가며 점점 더 빨리 노래했다. 노래는 점점 더 빨라졌다. 입에서는 거품이 나왔다. 갑자기 샤먼이 비틀거리며 쓰러지려고 하자 두 청년이 잡아서 조심스럽게 바닥에 뉘었다. 샤먼은 누워서 숨을 몰아쉬었다. 두 청년이 노간주나무를 태워 그 연기를 샤먼에게 마시게 했다.

파티치가 굿을 하고 노래를 하는 동안 미히시카는 샤먼이 하는 말 속에서 자신이 무엇을 해야만 하는지를 알게 되었다. 샤먼이 명했다.

"독수리 둥지를 찾아라. 새끼 독수리 가슴에서 깃털을 뽑아 오너라. 너의 아들 가슴에 그 깃털을 놓아라. 그렇게 하면 네 아들의 병이 나을 거고 용감한 사냥꾼이 될 거다."

파티치는 정신이 돌아오고 나서도 한동안 상념에 빠진 채 앉아 있었다. 조금 후 샤먼이 미히시카에게 말했다.

"독수리 깃털을 얻기는 쉽지 않을 거요. 깃털은 소중한 거요."

"감사합니다. 그 깃털을 얻어 아들을 구하는 데 온 힘을 쏟을 겁니다. 제가 암사슴 두 마리를 가져왔으니 감사의 표시로 받아 주십시오. 만일 저의 아들이 완쾌된다면 훌륭한 샤먼이라는 당신의 명성이 우리 마을에 널리 퍼지게 될 겁니다. 저는 내일 출발하겠습니다."

다음 날 아침 일찍 미히시카는 짐을 싣고 먼 길을 떠났다. 미히시카는 길을 가면서 생각했다.

'우리 마을에서 멀지 않은 옘데카 강이 있는 곳에 큰 바위가 세 개 있다. 그 바위 중 하나에 어미 독수리 한 마리가 살고 있고 해마다 새끼 독수리를 낳는다. 그 독수리 둥지를 찾아서 깃털을 뽑아야 해.'

마을로 돌아온 미히시카는 서둘러 그 바위로 갈 채비를 했다. 마을에는 뭇카치크라는 사람이 살고 있었는데 그에게는 친척도 가까운 친구도 없었다. 그는 미히시카를 도와 양과 말을 기르며 살았다. 미히시카가 그에게 말했다.

"뭇카치크, 파티치 샤먼이 말한 그 독수리 둥지를 찾으러 같이 가자. 너라면 나를 도울 수 있을 거야. 필요한 물건을 챙겨. 가죽 올가미 챙기는 거 잊지 마. 가장 단단한 걸로 챙겨."

미히시카와 뭇카치크는 아주 힘들게 북쪽의 약간 경사진 쪽으로 올라서 바위 정상에 도착했다. 정상에 사슴을 매어 놓고 가파른 바위 끝으로 다가가서 아래를 바라봤다. 거기 크지 않은 평평한 곳이 있는 바위의 툭 튀어나온 부분에 독수리 둥지가 있었다. 옆에는 동굴 입구가 보였다.

"뭇카치크! 네가 아래로 내려가! 내가 너를 묶은 올가미를 단단히 붙잡고 서서히 아래로 내려보낼게."

그러나 뭇카치크는 겁이 났다. 손을 흔들며 말했다.

"무슨 말씀이세요! 무슨 말씀이세요! 저는 어릴 때부터 높은 곳이 두려웠어요. 바위뿐 아니라 약간 높은 산도 무서운걸요. 안 돼요, 안 돼! 내려갈 수 없어요. 보세요. 지금 바위 꼭대기에 당신 옆에 나란히 서 있는데도 온몸이 떨리고 머리가 빙빙 돌아요. 제발 부탁이니 당신이 아래로 내려가세요. 제가 당신을 아래로 내려보낼게요. 그 이상은 아무것도 할 수 없어요."

어쩔 수 없이 미히시카가 직접 독수리 둥지로 내려가기로 결심했다. 그는 가죽 올가미를 단단히 몸에 묶었다. 긴 줄 한 가닥에 올가미를 여러 개 연결한 다음 그 줄에 자신을 묶었다.

"자! 이제 됐어. 내가 밑으로 내려갈 테니 너는 이 줄을 밑으로 천천히 내려보내. 내가 둥지에 도착해서 독수리 깃털을 얻으면 소리를 지를 테니 줄을 위로 당겨."

"좋아요. 좋아요. 당신이 말한 대로 할게요."

그러나 미히시카가 독수리 둥지에 도착하자 뭇카치크는 줄을 아래로 던져 버렸다. 그리고 사슴이 있는 데로 가서 사슴을 타고 마을로 돌아가 버렸다. 사실 뭇카치크는 오래전부터 미히시카의 아내인 모시란을 좋아하고 있었다. 그리고 모시란도 그를 좋아하고 있었다. 두 사람은 오래전부터 어떻게 미히시카를 없앨까 궁리를 하고 있었다. 그러던 중 마침 좋은 기회가 온 것이었다.

뭇카치크는 마을로 돌아와서 사람들에게 말했다.

"내가 올가미 속에 있는 미히시카를 바위 아래로 내려보냈는데 올가미가 찢어져 미히시카가 떨어졌어요. 아마 죽었을 거예요."

미히시카의 어머니 페투룬은 오랫동안 슬피 울었다. 얼마 후 페투룬은 며느리 모시란이 공공연하게 뭇카치크와 함께 사는 것을 보게 되었다. 그러자 페투룬은 손자 클류게를 데리고 다른 집으로 옮겼다.

미히시카는 오랫동안 소리를 지르며 도움을 구했다. 그러나 메아리만이 그에게 답할 뿐이었다. 도움을 청할 곳은 아무 데도 없었다. 미히시카는 독수리 둥지 옆에 있는 동굴로 가서 은신처를 찾을 수밖에 없었다.

처음에 어미 독수리는 미히시카를 괴롭혔으나 차츰 그의 존재에 익숙해졌다. 불쌍한 미히시카는 어미 독수리가 새끼 독수리들에게 물어 오는 먹이를 먹었다. 그러나 특히 비가 오랫동안 오지 않을 때는 갈증이 나서 고통스러웠다. 아주 더울 때는 새끼 독수리들이 흘린 부리의 땀방울을 핥

아야만 했다.

여름이 되었다. 미히시카는 바위 위에서 마을 사람들이 사슴과 말을 데리고 바위에서 멀리 떨어진 높은 사얀 산에 있는 유목지로 이주하는 것을 지켜봤다. 이제 미히시카는 완전히 혼자 남겨졌다. 그는 사람들이 떠나 버린 마을을 오랫동안 바라보았다. 그는 텅 빈 마을과 함께 마지막 희망도 사라졌다는 것을 알았다.

짧지만 미히시카에게는 긴 여름이 지났다. 새끼 독수리들은 자라서 이미 나는 법을 배웠다. 미히시카는 새끼 독수리들이 완전히 날아가 버리지 않도록 올가미로 두 독수리의 다리를 묶어 놓았다. 독수리들은 차츰 적응이 되어 묶인 다리를 가지고 나는 법을 익혔다.

여름이 완전히 끝나고 가을이 왔다. 미히시카 동네 사람들은 흰 산에서 원래 머물던 마을로 돌아왔다. 미히시카는 바위에서 저 멀리 아래에 있는 옘데카 계곡에서 풀을 뜯고 있는 사슴들을 바라보았다. 홀쭉해진 그의 양 볼을 따라 눈물이 흘렀다. 그동안 그는 너무 말라서 뼈와 가죽만 남았다. 옷도 다 해져 누더기가 되었다.

마침내 어느 화창한 날 미히시카는 결심했다. 그는 독수리 다리들을 한 올가미에 묶었고 자신의 몸을 오그려 독수리 사이에 자신을 묶었다. 몇 번이나 그렇게 해야겠다는 생각을 했으나 결심이 서지 않았었다. 처음에는 독수리들이 아직 약했고, 그다음에는 땅에 떨어져 죽을까 봐 두려웠다. 그러나 이제는 독수리들도 다 자라서 강해졌다. 그래서 미히시카는 자신의 생각을 실행에 옮기기로 결심했다. 어차피 이 바위에서는 추위와 허기로 죽지 않겠는가!

미히시카는 독수리들과 함께 아래로 뛰어내렸다. 처음에 그들은 마치 바윗돌처럼 떨어졌다. 그러나 차츰 독수리들은 점점 세게 날개를 쳤고 자연스럽게 미끄러지듯 바위 기슭의 들판으로 돌진해 하강했다. 미히시카는 땅에 떨어져 오랫동안 정신을 잃었다. 그러나 차츰 의식이 돌아왔다. 그와 독수리들 전부 다 무사히 땅에 누워 있다는 사실을 알게 되자 미히시카는 너무 기뻐서 자신의 더러운 손으로 독수리들의 등을 쓰다듬었다. 그때부터 독수리 등에 어두운 색깔의 줄 모양이 나타나게 되었다. 그 줄 모양은 감사의 표시로 독수리를 쓰다듬은 인간의 손 때문에 생긴 것이다.

완전히 의식을 차린 미히시카가 독수리들을 풀어 주자 독수리들은 날아가 버렸다. 미히시카는 쇠약한 몸 때문에 비틀거리며 마을 쪽으로 걸음을 옮겼다. 그는 강가 모래밭에서 놀고 있는 아들을 보았다. 그는 아들이 놀라지 않도록 조심스럽게 다가갔다. 아들 클류게는 처음에는 놀랐으나 곧 미히시카의 목소리를 듣고 자신의 아버지라는 것을 알아

차렸다. 미히시카가 아들에게 말했다.

"아들아! 나를 봤다고 아무에게도 말하지 말거라. 할머니한테만 가서 아버지가 왔다고 말하고 할머니에게 이리 오시라고 해."

클류게가 집으로 뛰어갔다. 미히시카는 자작나무 숲에 숨어 지켜보았다. 그의 집에서 뭇카치크가 긴 나무를 들고 장화를 신고 외투를 걸치고 나오고 있었다. 아침에 뭇카치크는 사냥을 갔다 와서 완전히 젖어 있었다. 그는 무언가 큰 소리로 떠들었다. 그러자 페투룬이 집에서 나와 뭇카치크의 젖은 옷을 들고 집으로 재빨리 들어갔다. 얼마 후 미히시카의 어머니가 미히시카가 숨어 있는 곳으로 와서 두 사람은 재회했다. 어머니는 미히시카를 꽉 껴안고 흐느끼기 시작했다. 미히시카가 말했다.

"어머니! 진정하세요. 중요한 것은 제가 살아 있다는 거예요. 제가 그동안 어떻게 독수리 둥지에서 살았고 어떻게 탈출하게 됐는지 나중에 이야기해 드릴게요. 그 전에 따뜻한 옷과 먹을 것 좀 가져다주세요."

미히시카는 며칠 동안 휴식을 취하며 기운을 모았다. 자신의 몸이 좋아졌다고 느끼자 미히시카는 어머니에게 활과 화살이 든 통을 가져다 달라고 부탁했다. 어머니가 활과 화살이 든 통을 가져다주었다. 그는 화살을 쏴 보았다. 그러나 활을 팽팽히 당길 수 없었다. 아직 며칠을 더 숲에 숨어 기운을 모아야만 했다. 어머니는 미히시카를 잘 먹였다. 마침내 미히시카가 활줄을 당겨 화살을 쏠 수 있게 되었다. 화살은 멀리 날아갔다. 마침내 어느 깜깜한 가을밤 미히시카는 뭇카치크와 모시란이 잠들어 있는 집으로 가서 두 사람을 화살로 쏘아 죽였다.

다음 날 아침 미히시카는 독수리 가슴털이 들어 있는 자루를 아들의 가슴에 달아 주었다.

"이제 내 아들은 병이 다 나아서 용감한 사냥꾼이 될 것이다."

미히시카는 아들과 어머니와 함께 토팔라르인들이 살고 있는 다른 지역으로 정착하러 떠났다.

여우 바위

옛날 옛적이었다. 어느 날 곰과 여우가 마주쳤다. 곰이 여우에게 물었다.

"너는 무엇이 무섭니?"

"나는 사람이 아주 무서워."

여우가 곰에게 물었다.

"너는 무엇이 무서워?"

"나는 날아오르는 들꿩이 아주 무서워."

여우가 곰에게 말했다.

"그럼 내기하자. 여기 구멍이 두 개 있어. 내가 한 구멍에 꿩 깃털을 가득 채울 테니 너는 다른 구멍에 사람들을 가득 채워."

"좋아! 우리 중 누가 더 빨리 구멍을 채울까?"

여우와 곰은 헤어져 각기 다른 방향으로 갔다. 여우는 바로 꿩 한 마리를 잡았다. 여우는 잡은 꿩을 구멍으로 가져왔다. 구멍을 이끼로 가득 채우고 맨 위에 꿩의 깃털을 평평하게 깔았다. 그러고는 곰을 기다렸다. 곧 강보에 싸인 아기를 안고 곰이 나타났다.

여우가 말했다.

"좋아! 갓난아기를 데려왔구나!"

"갓난아기는 아니야. 겨우 골랐어. 사람들이 나에게 화살을 쐈어."

곰은 화살에 맞은 가슴을 보여 주었다.

"음! 이런 상처라면 내가 바로 낫게 해 줄게. 저 바위로 올라가자!"

여우는 바위로 올라가서 모닥불을 피우고 곰에게 말했다.

"누워서 몸을 좀 녹여! 나는 산이 바라보이는 불 옆에 서서 굿을 할게."

"그래! 한번 해 봐!"

여우는 굿을 하기 시작했다. 그러고 나서 말했다.

"할아버지! 할아버지![4] 더우면 좀 멀리 누워!"

곰은 좀 떨어져 누웠다. 조금 있다 여우가 다시 말했다.

"할아버지! 할아버지! 좀 더 떨어져 누워!"

곰은 조금 더 비켜 누우며 말했다.

"더 이상은 갈 데가 없어. 거의 떨어질 지경이야."

"떨어지지 않아! 좀 더 떨어져 누워! 시키는 대로 해!"

곰이 좀 더 비켜 누우려고 했으나 그만 바위에서 떨어졌

4) 곰을 일컫는 호칭.

다. 굿을 한 여우가 말했다.

"이게 바로 내 치료야!"

여우는 곰이 떨어진 곳으로 내려왔다. 내려와서 보니 곰은 바위 밑에 죽어 있었다. 여우는 곰의 고기를 먹으며 곰 옆에서 지냈다.

어느 날 여우는 저 아래 얼어붙은 강을 따라 늑대 두 마리가 뛰어다니는 것을 보았다. 여우가 늑대들을 향해 소리쳤다.

"어이! 이리 와 봐!"

늑대들이 다가오자 여우가 물었다.

"무엇을 찾고 있는 거야?"

"먹을 고기를 찾고 있어. 그런데 너는 어떻게 그렇게 많은 고기를 찾았니?"

"내가 바위에서 굿을 하고 있는데 곰이 왔어. 바위에 걸려 아래로 떨어졌어. 내가 먹고 있는 것이 그 곰의 고기야."

"어떻게 하면 우리도 고기를 구할 수 있을까?"

"아! 고기를 어떻게 구할 수 있는지 내가 알아. 가서 얼음 위에 앉아! 그리고 큰 소리로 짖어!"

때는 엄동설한이었다. 늑대들이 얼음 위에 앉아서 크게 울부짖자마자 꼬리가 얼음에 쩍 붙어 같이 꽁꽁 얼어 버렸다. 늑대들이 울부짖고 있을 때 강의 상류에서 한 사람이 썰매를 타고 왔다. 그 사람은 늑대들을 발견하고 말에 고삐를 맸다. 그리고 도끼를 꺼내 늑대들을 죽인 후 썰매에 싣고 집으로 돌아갔다. 한편 여우는 약삭빠르게 바위에 숨은 채 누워 있었다. 그 후 사람들은 그 바위를 '여우 바위'라고 부른다.

타이멘[5] 강에 얽힌 전설

아주 먼 옛날에 있었던 일이다. 한 여자가 배가 몹시 고파 강으로 갔다. 그런데 크지 않은 강에 장작만 한 물고기들이 헤엄을 치고 있는 것이 아닌가! 여자는 물고기를 잡아먹고 싶어졌다. 낚시 도구도 없고 물고기 잡는 법도 모르는 여자는 자신이 짧은 반바지를 입고 있다는 사실을 생각해 냈다. 반바지를 벗어 양 가랑이를 묶어 흐르는 물속에 넣었다. 바지의 아랫부분이 강 하류를 향하게 하고 바지 윗부분은 강 상류를 향하게 했다. 여자는 강 상류를 따라 헤엄치던 물고기들을 하류로 몰았다. 사람에 놀란 물고기들은 하류로 내려갔다. 물고기들이 가는 길에는 흐르는 물길을 막아 반바지가 펼쳐져 있었다. 물고기들은 바지 안으로 들어가게 되었다. 여자는 뛰어가서 재빨리 바지를 물에서 꺼냈다. 물고기들은 미처 달아나지 못하고 바지 안에 남게 되었다. 여자는 바지를 강가로 가져와서 물고기들을 털어 냈다. 여자가 앉아서 물고기를 먹고 있을 때 부르한이 그녀를 보게 되었다.

"어떻게 물고기를 잡았니?"

---

5) 연어과에 속하는 물고기.

“강물을 거슬러 제 반바지를 펼쳐 놓고 물고기를 위에서 아래로 몰았습니다. 물고기들이 아래로 내려와 반바지 안으로 들어갔습니다. 제가 바지를 건져 올려 보니 그 안에 물고기들이 있었습니다. 바지를 건져 강가로 가져가 털었습니다. 그리고 이렇게 앉아서 먹고 있습니다.”

“너는 큰 잘못을 저질렀다. 네가 한 일은 혐오스러워! 더 이상 그렇게 물고기를 잡지 말거라! 물고기가 물에서 살지 못하게 될 것이다!”

그 후 여자는 더 이상 그렇게 물고기를 잡지 않았다. 사람들은 그 강을 ‘타이멘 강’이라고 부른다.

곰의 호수

아주 먼 옛날 큰 호숫가에서 곰과 '태양의 딸'이라고 불리는 아기 쥐가 마주쳤다. 곰이 말했다.

"아이 작아라! 저렇게 작은 것은 아무것도 못 할 거야! 저렇게 작은 것도 힘이 있을까? 먹잇감도 되지 않겠는걸!"

쥐가 말했다.

"저 호수 보이지?"

"보이고말고!"

"그러면 내기하자! 나는 힘이 세니까 저 호수를 건널 수 있어! 그런데 너는 건널 수 없을걸!"

"좋아! 해 보자! 나는 힘이 세. 건널 수 있어! 너는 힘이 없어. 조그만 게! 넌 물에 빠지고 말 거야!"

"빈 수레가 요란한 법이야."

쥐는 그렇게 말하고 호수로 뛰어갔다. 뛰어가며 곰에게 소리쳤다.

"이리 와! 저쪽으로 건너가자! 누가 먼저 건너게 될까?"

곰은 잠자코 물로 들어갔다. 오죽하면 호수 물의 수위가 높아졌다. 곰이 헤엄치기 시작했다. 물이 심하게 일렁였다. 그런데 쥐는 물살에 누워 발장구를 쳤다. 쥐는 그저 단순히

물에 빠지지 않은 것만이 아니었다. 연어에 잡힐까 두려웠다고들 말한다. 쥐는 발장구를 세게 쳤다. 쥐가 먼저 도착했다. 도착하고 나서 뒤를 돌아보니 곰은 계속 똑같은 자리에서 발로 물만 차고 있었다. 쥐가 말했다.

"어이! 헤엄치지 마! 빠지겠다!"

곰은 서둘러 강가로 나왔다. 쥐는 호수를 빙 돌아서 곰에게 왔다.

"어때? 누가 더 강하지?"

"네가 더 강해!"

"내가 헤엄칠 때 태양이 나를 도와줬어. 헤엄칠 때 나는 항상 태양을 바라봐. 그래서 내가 호수를 건넌 거야!"

그러자 곰이 말했다.

"다시 한번 해 볼래! 헤엄칠 때 나도 해를 바라볼래!"

곰은 돌멩이처럼 헤엄칠 준비가 전혀 되지도 않은 채 물속으로 들어갔다. 쥐가 소리쳤다.

"어이! 그렇게 하지 마! 빠져! 다시 돌아와!"

곰은 즉시 되돌아왔다. 곰이 다시 말했다.

"네가 시합에서 이겼어! 작은 고추가 매워!"

그 후 사람들은 쥐를 '태양의 딸'이라고 부르게 되었다. 그리고 그 호수는 '곰의 호수'로 불리게 되었다.

닭과 꿩

아주 오랜 옛날 거위와 오리가 봄에 따뜻한 변방에서 날아왔다. 여름을 보내고 가을에 나뭇잎이 노래졌을 때 다시 변방으로 날아갈 채비를 했다. 닭과 꿩도 거위와 오리와 함께 날아가려고 했다. 그러자 거위와 오리가 말했다.

"너희들은 거기까지 날아가지 못할 거야. 너희들은 가슴이 너무 커!

그 말을 들은 닭과 꿩은 울기 시작했다. 거위와 오리가 말했다.

"우리는 너희를 데려갈 수 없어! 너희는 여기에 남아 있어! 봄이 되면 우리가 다시 여기로 올게!"

닭과 꿩은 가지 않고 남았다. 닭은 나뭇가지를 먹고 살았고 꿩은 열매를 먹고 살았다. 한겨울 엄동설한에는 눈 속에서 잠을 잤다. 꿩은 아침에도 저녁에도 힘이 없이 울어 댔다. 닭은 나갔다가 잠자기 전에 돌아오곤 했다.

하루는 닭이 아침 일찍 꿩에게 말했다.

"이제 따뜻해졌어! 거위와 오리들이 오겠지!"

"어떻게 알았어?"

"하늘 높이 거위와 오리들이 날아가더라. 높은 나무 꼭대기에 앉아서 봤어."

아침에 보니 닭의 꼬리가 가위로 똑바로 잘려 있었다. 뻐꾸기가 그렇게 한 게 분명했다.

아주 오래전에 뻐꾸기는 여자였다. 그런데 여자는 사람들과 함께 다정하게 살 수 없었다. 부르한은 화가 나서 여자를 뻐꾸기로 만들어 버렸다. 그래서 여자는 뻐꾸기가 되었다.

부르한이 뻐꾸기에게 말했다.

"거위와 오리들과 함께 날아다니며 살아라!"

부르한은 그렇게 말한 후 여자의 다리를 날개로 만들어 버렸다. 뻐꾸기는 닭과 꿩이 거위와 오리와 이야기하는 것을 들었다. 뻐꾸기가 닭과 꿩에게 말했다.

"너희 눈은 빨개. 눈물 때문에 너무 빨개졌어. 봄에 내가 돌아와서 모든 걸 이야기해 줄게. 그때 나도 돌아올 거야. 닭이 울면 내가 그의 꼬리를 잘라 줄 거야."

그때부터 사람들이 말한다.

"닭의 꼬리가 잘려 있으면 뻐꾸기가 온 거다."

땅벌이 벙어리가 된 이야기

아주 먼 옛날 어느 집에 사람이 많이 살았다. 그런데 갑자기 사람 수가 줄었다. 사람들이 자꾸 죽어 갔다. 부르한이 와서 보니 귀신이 그 집에서 사람들의 피를 빨고 있는 것이 아닌가. 부르한이 귀신에게 말했다.

"당장 그만두어라! 사람 피를 빨지 말거라!"

그러자 귀신은 더 이상 그 집에 가서 피를 빨지 않았다. 그러나 귀신은 이미 사람 피에 너무 익숙해져 있었다. 그래서 귀신은 벌을 사람들에게 보냈다.

"사람의 피를 내게 가지고 오너라!"

벌이 날아가다가 도중에 부르한을 만났다.

"어디에 무슨 일로 가느냐?"

"귀신이 저더러 사람 피를 가져오라고 했습니다."

그러자 부르한은 벌을 잡아서 혀를 잘라 버렸다. 그때부터 벌은 말을 하지 못하게 되었다. 벌은 사람을 보고도 날아다니며 붕붕거릴 뿐이다. 사람들이 그렇게 이야기한다.

주걱뼈

아주 먼 옛날 예스큐스 오올이란 고아가 살았다. 하루는 그가 걸어가다가 골조만 남아 있는 집과 그 옆에 놓인 주걱뼈를 보았다. 그는 그 뼈를 주워 자신의 코를 때렸다. 코에서 피가 흘렀다. 그는 피로 그 뼈를 적셨다. 그리고 계속해서 걸었다. 집이 한 채 있었고 그 안에 사슴이 한 마리 있었다. 그는 집 안으로 들어갔다. 사람들이 고기를 삶고 있었다. 사람들이 말했다.

"너도 고기를 삶아!"

"아니요, 고기를 삶지 않을래요. 당신의 솥이 고기를 먹을 테니까요!"

"어떻게 솥이 고기를 먹을 수 있단 말이니! 고기를 삶아. 삶아!"

예스큐스 오올은 뼈를 쪼개서 끓이기 시작했다. 끓인 다음에 꺼내 보았다. 뼈에서 피가 나왔다. 그 자리에서 예스큐스 오올은 울음을 터뜨렸다.

"당신 솥이 내 고기를 먹었어요!"

그러자 사람들은 자신들의 하나밖에 없는 사슴을 잡아서 예스큐스 오올에게 주었다. 예스큐스 오올은 사슴을 데리고 가던 길을 계속해서 갔다. 그는 가다가 아홉 마리의 사슴이 있는 집을 보았다. 예스큐스 오올이 집으로 들어가서 앉았다. 사람들이 말했다.

"사슴을 풀어 놓고 풀을 뜯게 해!"

"그렇게 하지 않을 거예요. 당신 사슴들이 내 사슴을 먹을 테니까요!"

"어떻게 사슴이 사슴을 먹는다는 거니? 풀어 놔!"

예스큐스 오올은 사슴을 풀어 다른 사슴들과 풀을 뜯게 했다. 밤에 예스큐스 오올이 잠들어 있는 동안 사람들은 그의 사슴을 죽여서 고기를 나누어 가졌다. 아침이 되자 예스큐스 오올은 사슴이 없어진 것을 알았다. 그는 그 자리에서 울음을 터뜨렸다.

"당신 사슴들이 내 사슴을 먹어 치웠어요!"

그러자 사람들은 자신들의 사슴 아홉 마리를 예스큐스 오올에게 주었다. 그는 사슴들을 데리고 길을 떠났다. 그는 걷다가 등에 상처가 있는 말 한 마리가 있는 집을 보았다. 예스큐스 오올은 집으로 들어가서 앉았다. 거기에 있는 사람들이 말했다.

"사슴들을 풀어서 풀을 뜯게 해!"

"안 돼요. 말이 내 사슴들을 먹을 거예요!"

"어떻게 말이 사슴을 먹는단 말이니? 풀어 놓아!"

예스큐스 오올은 사슴들을 풀어 놓았다. 밤에 그가 잠든 사이 마을 사람들은 사슴을 죽여서 고기를 나누어 안장에 달린 주머니에 넣었다. 아침이 되자 예스큐스 오올은 사슴이 없어진 것을 알고 엉엉 울었다.

"당신들 말이 내 사슴들을 먹었어요!"

그러자 마을 사람들은 하나밖에 없는 말을 예스큐스 오올에게 주었다. 이제 예스큐스 오올은 말을 타고 갔다. 그는 가다가 토팔라르 관습에 따라서 그루터기 위에 세워져 있는 관을 보았다. 관 뚜껑을 열어 보았다. 거기에는 얼마 전에 죽어 장례를 치른 젊은 여자가 누워 있었다. 그는 여자를 관에서 꺼내 말 앞에 앉힌 후 출발했다. 조금 가니 집이 보였다. 집 옆에서 젊은 여자들이 노래를 부르며 땔감을 준비하고 있었다. 예스큐스 오올이 소리쳤다.

"아가씨들! 노래하지 마시오! 내 말은 성질이 사납고 아내가 몸이 아파요!"

그러나 여자들은 더 크게 노래하기 시작했다. 그러자 예스큐스 오올은 말 등의 상처 난 부분을 힘껏 때렸다. 말은 놀라서 앞발을 든 채 뒷발로만 서려고 했다. 말이 뒷발로 서자 말 위에 앉았던 죽은 여자가 떨어져 나무에 꽝 하고 부딪쳤다. 예스큐스 오올은 집으로 들어가서 울기 시작했다.

"당신네 아가씨들이 노래를 해서 내 아내를 죽였소!"

집 안에 있던 사람들이 물었다.

"누가 가장 크게 노래를 했소?"

예스큐스 오올은 가장 예쁜 여자를 가리켰다. 마을 사람들은 예스큐스 오올에게 그 여자를 아내로 삼으라고 내주었다. 그는 그 여자를 아내로 맞아 함께 살게 되었다. 아이도 생겼다. 어느 날 아이의 엄마가 장작을 패고 있었고 예스큐스 오올은 요람을 흔들며 노래를 했다.

"예스큐스 오올, 예스큐스 오올이
회색 주걱뼈 있는 데로 다가갔다네!
회색 주걱뼈, 회색 주걱뼈가
사슴 한 마리를 가져왔다네!
사슴 한 마리, 사슴 한 마리가
사슴 아홉 마리를 가져왔다네!
사슴 아홉 마리, 사슴 아홉 마리가
말 한 마리를 가져왔다네!
말 한 마리, 말 한 마리가
죽은 여인을 가져왔다네!
죽은 여인, 죽은 여인이
살아 있는 여인을 데려왔다네!
살아 있는 여인, 살아 있는 여인이

바로 이 가족을 데려왔다네!"

아내는 남편이 그렇게 노래하는 것을 가만히 듣고 난 후 남편에게 다가가 도끼로 머리를 내리쳤다.

회색 뼈

한 들판에 남편과 아내가 살았다. 그들에게는 가축도 없었고 아무것도 없었다. 등에 큰 상처가 있는 비쩍 마른 말 한 필이 있을 뿐이었다. 아내는 아팠다. 어느 날 아침 남편이 일어나 보니 아내가 죽어 있었다. 남편은 아내를 집 밖으로 끌어냈다. 그날 밤은 추워서 아내는 돌처럼 꽁꽁 얼었다. 남편은 집 밖에 서서 곰곰이 생각을 하기 시작했다. 마침내 좋은 생각이 떠올랐다. 남편이 사는 집에서 멀지 않은 곳에 일곱 명의 처녀가 살고 있었는데 남편은 그들 중 한 처녀를 아내로 삼기로 결심했다.

남편은 말에 안장을 얹고 꽁꽁 언 아내를 안장에 앉히고 자신은 아내를 뒤에서 안고 일곱 명의 처녀 집으로 갔다. 남자는 관을 청소하는 꼬챙이를 준비해 갔다. 남자가 처녀들에게 다가가자 처녀들은 남자를 보고 비웃기 시작했다.

"타고 가는 말 꼬락서니 좀 봐! 말을 타고 가는 여자 좀 봐! 말에 아예 누워 가네! 호! 호! 호!"

바로 그때 남자는 준비한 꼬챙이로 말 등에 난 상처를 찔렀다. 말은 앞발을 높이 쳐들고 뒷발로만 서려고 했다. 꽁꽁 언 아내는 땅으로 떨어졌다. 남자가 내렸다. 여자들은 놀랐다.

“당신들이 웃을 때 내 말이 놀라서 앞발을 들고 뒷발로 서는 바람에 아내가 떨어졌소. 아내는 죽어서 완전히 몸이 싸늘해졌소. 아내 없이 내가 어디를 갈 수 있단 말이오?”

일곱 명의 처녀 중 가장 나이가 많은 처녀가 말했다.

“그렇다면 우리 중 하나를 아내로 데려가세요!”

남자는 한 처녀를 택했다.

“말이 뒷발로 서는 바람에 말 등에 상처가 났소. 아주 큰 상처가 났소.”

“우리가 좋은 말을 드릴게요.”

일곱 명의 처녀는 희고 좋은 말을 남자에게 주었다.

“등에 상처가 난 말은 여기에 두고 가세요!”

남자는 처녀를 데리고 집으로 돌아왔다. 조금 후 남자는 자신의 말이 보고 싶어졌다. 가서 보니 말은 죽은 채 누워 있었다. 등에 난 상처에 회색 뼈가 솟아 있었다. 남자가 그 모습을 보고 처녀들을 불렀다.

“이제 어떻게 할 거요?”

여자들이 말했다.

“그 뼈를 우리에게 주세요! 뼈 대신 양 여덟 마리를 가지세요!”

“여덟 마리는 적소!”

"아홉 마리 가지세요!"

"아홉 마리도 적소!"

가장 나이가 많은 여자가 말했다.

"그러면 열 마리 가지세요!"

남자는 양 열 마리를 몰고 집으로 왔다. 그렇게 남자는 죽은 아내 대신 살아 있는 여자와 말 한 마리 그리고 양 열 마리를 가지게 되었다.

할아버지들은 이렇게 이야기한다.

"꽁꽁 언 여자가 산 여자를 데려왔고, 병신 말이 훌륭한 말을 데려왔고, 회색 뼈가 양 여덟 마리를 데려왔고, 여덟 마리 양이 아홉 마리 양을 데려왔고, 아홉 마리 양이 열 마리 양을 데려왔다."

두 형제

아주 먼 옛날 강 상류에 집 두 채가 서 있었다. 집주인은 두 형제였다. 두 형제는 결혼을 했고 늙은 어머니와 함께 살았다. 어느 날 형제는 사냥을 떠날 채비를 했다.

"이틀 후 돌아올게요."

이틀째 되는 날 밤에 도둑들이 집으로 왔다. 도둑은 여자들에게 명령했다.

"사슴들을 끌고 오너라."

두 여자는 사슴을 끌고 왔다. 사슴을 끌고 오자 도둑들이 형의 아내에게 명령했다.

"짐을 실어라"

형의 아내가 짐을 싣자 도둑들은 동생의 아내에게 말했다.

"우리와 함께 가자!"

동생의 아내가 말했다.

"나는 당신들과 가지 않을 거예요. 짐을 싣지도 않을 거예요."

형의 아내가 동생의 아내 대신 다른 사슴에도 짐을 실었다. 그 후 도둑들은 떠날 채비를 했다. 그들은 두 형제의 아내를 데리고 갔고 늙은 어머니는 남겨 두었다. 동생의 아내는 가지 않겠다고 거부했으나 도둑들은 강제로 그녀를 데려갔다. 형의 아내는 순순히 따라갔다. 동생의 아내가 떠나기 전에 시어머니에게 말했다.

"남편들이 돌아오면 저녁이건 밤이건 흔적을 따라오라고 말해 주세요. 길 왼쪽을 보고 따라오라고 전해 주세요. 도둑들의 활줄에 기름을 발라 놓을 것이고 밤에 잠자지 않을 거라고 전해 주세요."

그렇게 말한 후 동생의 아내는 울면서 길을 떠났다. 형의 아내는 울지도 않고 아무 말도 하지 않았다.

다음 날 아침 두 형제가 돌아왔다. 돌아와 보니 아무것도 없었다. 사슴이 사라졌다. 텅 빈 집에 늙은 어머니가 혼자 앉아 있었다. 큰아들이 물었다.

"우리가 없는 동안 무슨 일이 있었어요?"

"밤에 도둑 셋이 침입해서 사슴과 다른 물건들을 가져갔어. 며느리들도 다 데려갔어. 작은며느리가 너희가 돌아오자마자 즉시 추격하되 길 왼쪽을 보라고 말했어. 도둑들을 겁낼 필요 없다고 전하랬어. 도둑들의 활줄에 기름을 발라 놓을 거라고 했어. 저녁이건 밤이건 언제든 오라고 했어. 잠자지 않겠다고."

두 형제는 도둑의 뒤를 밟아 저녁에 도둑이 있는 장소까지 왔다. 도둑들은 길 왼쪽에서 잠을 자고 있었다. 날이 막 밝기 시작할 때 두 형제는 도둑들이 머무는 곳으로 다가갔다. 조용히 휘파람을 불자 동생의 아내가 뛰어나왔다. 두 형제는 도둑들을 향해 화살을 쏘았다. 도둑들은 자신들의 활을 잡을 수 없었다. 두 형제가 도둑들을 쏜 후 다가가서 보니 형의 아내는 도둑과 함께 잠을 잔 것 같았다. 형의 아내는 누워서 잠을 자고 있었다. 형은 자고 있는 아내를 향해 활을 쏘았다.

두 형제는 집으로 돌아왔다. 사슴과 다른 재산도 도로 가져왔다. 두 형제는 집에 와서 어머니에게 모든 것을 말했다. 늙은 어머니가 큰아들에게 말했다.

"네 아내를 쏜 건 잘한 거야. 네 아내는 사슴들을 도둑에게 끌어다 주었고 스스로 짐을 사슴에 실었어. 울지도 않았고 아무 말도 하지 않았어. 아무 생각도 없었어."

날개 달린 소년

아주 먼 옛날 한 여자가 살았다. 그녀에게는 아이가 하나 있었다. 아이는 여덟 살이 될 때까지 걷지 못했다. 아홉 살이 되자 걷기 시작했는데 잘 걷지는 못했다. 부모는 아이를 내쫓으며 말했다.

"가! 네가 가고 싶은 데로 가!"

아이는 계속 걸었다. 산을 넘었다. 아이의 부모는 아이가 가는 것을 지켜보고 있었다.

아이는 걷고 또 걸었다. 집이 한 채 보였다. 아이는 집으로 들어갔다. 음식이 아주 많이 있었다. 아이는 음식을 먹기 시작했다. 그때 밖에서 사람들 소리가 나기 시작했다. 아이는 놀라서 난로에 숨었다. 날개가 날린 사람들이 집으로 들어왔다. 집으로 들어서며 한 사람이 말했다.

"우리 집에 누군가 있어. 찾아야 해."

조금 후 한 사람이 난로를 열었다. 거기에 아이가 누워 있었다. 그 사람은 아이의 다리를 잡고 아이를 끌어냈다.

"어떻게 여기 오게 된 거니?"

아이는 자기 부모에 대해 자세히 얘기했다. 그러자 그 사람이 말했다.

"우리 집에 머물러! 앉아라. 밥을 먹을 거야!"

아이가 밥을 먹자 한 사람이 침을 세 번 뱉었다. 그러자 아이에게 날개가 생겼다.

하룻밤을 잤다. 다음 날 아침 모두들 날아갔다. 아이는 자기 집으로 날아왔다. 아이를 보고 어머니가 말했다.

"이렇게 잘생겨지다니! 이제 여기서 살자!"

아이가 대답했다.

"엄마와 함께 살지 않을 거예요. 나를 발견한 사람들 집에 가서 그들과 함께 살 거예요!"

그때 이후로 어머니와 아버지는 아이를 한 번도 볼 수 없었다.

황금 가슴을 지닌 아기들

옛날 옛적에 부르한이 인간의 모습을 하고 여기저기를 돌아다녔다. 어느 곳에 가니 세 처녀가 있었다. 세 처녀 중 하나를 아내로 삼았으면 좋겠다고 생각한 부르한은 한 처녀에게 물었다.

"너는 무엇을 할 줄 아니?"

"저는 요리를 할 줄 알아요. 삼백 명의 병사를 먹일 빵을 굽고 또 요리를 할 수 있어요!"

부르한이 두 번째 처녀에게 물었다.

"그럼 너는 무엇을 할 줄 아니?"

"저는 아흔아홉 그루의 나무를 키울 수 있어요."

부르한이 세 번째 처녀에게 물었다.

"너는 무엇을 할 줄 아니?"

"저는 세 아들을 낳을 수 있어요. 둘은 황금 가슴을 지니고 하나는 인간의 가슴을 지니고 태어날 거예요."

"너를 내 아내로 맞이해야겠다."

부르한은 세 번째 처녀를 아내로 맞이해서 함께 살았다. 아내가 임신을 해서 출산일이 됐다.

"내가 집을 비운 사이에 아이를 낳도록 해라. 남자는 아이 낳는 것을 보아서는 안 돼!"

부르한은 집을 떠나서 오랫동안 돌아다녔다. 그러다 지금쯤 아마 아내가 아이를 낳았을 거라고 생각하고 집으로 돌아왔다. 늙은 노파가 있었다. 부르한이 노파에게 말했다.

"아마 내 아이가 태어났겠지?"

"태어났어요."

"봐야겠다!"

"보시면 안 돼요!"

"무슨 말이야? 봐야겠다고! 아이를 데려오너라!"

노파가 안고 온 것은 강아지 새끼였다. 부르한은 그 강아지의 목을 비틀어 던져 버렸다.

그 후 부르한과 여자는 다시 살았다. 아내가 두 번째 임신을 했다. 아이를 낳을 때가 되자 부르한은 떠났다. 부르한은 유람을 하다가 집으로 돌아와서 노파에게 물었다.

"아이는 태어났는가?"

"태어났어요!"

"봐야겠다!"

"당신도 그 누구도 봐서는 안 돼요!"

"아무리 그래도 난 봐야겠다! 어쨌든 나의 아이니까! 데려오너라!"

노파는 또다시 강아지 새끼를 안고 왔다. 부르한은 다시 강아지의 목을 비틀어 던져 버렸다.

두 사람은 다시 살았다. 아내는 세 번째 임신을 했다. 부르한은 집을 떠나 돌아다니다가 집으로 돌아와서 노파에게 물었다.

"아이는 태어났지?"

"태어났어요."

노파가 아기를 안고 왔다. 이번에는 인간의 가슴을 지닌 사내아이였다. 부르한은 화를 내며 말했다.

"저 여자는 아들 셋을 낳을 거라고 말했어. 나를 속였어! 저 여자를 아들과 함께 죽여야겠다!"

부르한은 젖소 가죽을 가져와서 여자와 아들을 싼 후 촘촘하게 가죽을 꿰매 바다에 던져 버렸다. 그 전에 아내가 낳은 강아지 새끼들은 다 죽였다. 여자는 바다에 던져지기 전 겨드랑이에 신비한 책 한 권과 잘 드는 칼을 숨겼다. 여자는 이제 아들과 함께 바닷속을 헤엄쳐야만 했다. 헤엄칠 때 여자는 예언서를 꺼내 아들에게 주었다. 아들이 그 책을 보고 말했다.

"제 생각에 아직 시간이 있어요!"

"아니야. 한시라도 빨리 네 아버지를 죽여야 해!"

"아니에요. 시간이 있어요!"

아들은 잘 드는 칼로 가죽을 잘랐다. 알고 보니 가죽은 바닷물에 실려 해안까지 떠내려와 있었다. 두 사람은 가죽에서 나와 걸어 다니기 시작했다. 수선화가 있는 곳에 와서 어머니는 수선화 풀로 아들에게 모자를 만들어 주었다. 아들은 놀러 갔다. 조금 후 아들이 뛰어와서 어머니에게 말했다.

"저기 있는 어떤 사람이 오더니 내 모자를 달라고 해요. 줄까요?"

아들은 뛰어가서 그 사람에게 모자를 주었다. 그러자 그 사람이 아이에게 도끼와 철봉과 자루를 주며 말했다.

"이 도끼에게 여기에 당장 집을 지어 달라고 말해. 삼백 명의 병사가 오면 이 철봉에게 '나의 빠른 철봉!'이라고 말해. 철봉이 너를 죽음에서 지켜 줄 거다. 도끼에게 이 자리에 창고를 지어 달라고 명령하고 창고 안으로 자루를 가지고 들어가서 흔들어. 먹을 음식이 생길 거다."

아이는 도끼와 철봉, 자루를 들고 어머니에게 돌아왔다. 아이는 도끼에게 이 자리에 집을 지으라고 시켰다. 도끼가 번쩍 들리더니 나무를 패기 시작했다. 집이 지어졌다. 아이는 도끼에게 창고를 지으라고 명령했다. 도끼는 다시 나무를 패기 시작했다. 창고가 완성되었다. 아이는 창고 안으로 자루를 가지고 들어간 다음 흔들었다. 인간이 먹을 수 있는 온갖 음식이 나타났다. 아이는 신비한 책을 보고 나서 어머니에게 말했다.

"어딘가에 두 형들이 있는 것 같아요. 어머니는 먹을 것을 좀 준비해 주세요. 젖을 짜 두세요."

그렇게 말한 후 아이는 철봉 위에 앉아서 떠났다. 그 철봉이 말로 변했던 것이다. 어느 마을을 지나다가 한 집에 들어갔더니 황금 가슴을 지닌 두 남자아이가 있었다.

"우리 형들이다!"

그는 집에 들어가 앉았다. 조금 후 허리에 짐승들을 묶은 거인이 들어왔다. 거인은 집에 들어와서 짐승의 고기를 잘라 꼬치구이 요리를 했다. 그가 고기를 다 먹은 후 말했다.

"이제 배가 부르다! 이제 이 아이를 슬슬 먹어 볼까!"

그때 아이가 말했다.

"나의 빠른 철봉!"

철봉이 그 거인을 둘로 쪼갰다.

"나의 빠른 철봉! 우리는 이 두 아이를 데려가야 해!"

철봉은 두 아이를 위에 앉혔다. 이제 세 사람은 집으로 돌아왔다. 어머니는 아이들에게 젖을 먹였다. 젖을 먹은 후 아이들은 어머니의 아들이 되었고 어머니와 함께 살기 시작했다. 노파는 황금 가슴을 지닌 아이들을 숨겨 놓고 부르한에게 아이들 대신 강아지 새끼들을 보여 주었던 것이다.

영리한 처녀

옛날 어느 마을에 딸을 가진 한 노인이 있었다. 어느 날 그 마을의 칸이 노인에게 명령했다.

"가서 곰의 나이를 알아 오너라!"

집으로 돌아온 노인은 울기 시작했다.

"칸이 나에게 곰의 나이를 알아 오라고 했어. 곰의 나이를 말이야!"

딸은 아버지에게 모자를 세 개 만들어 주었다. 딸은 모자 두 개는 아버지 어깨에 씌워 주고, 다른 하나는 머리에 씌워 주며 말했다.

"곰의 굴로 가세요!"

노인은 굴로 가서 앉았다. 그때 곰이 들어왔다. 곰은 노인을 유심히 보고 나서 놀랐다.

"내가 88년을 살았지만 머리가 세 개 달린 짐승은 처음 본다!"

곰은 그렇게 말한 후 그곳을 나갔다. 노인은 곰의 말을 듣고 바로 칸에게 갔다.

"제가 곰에게 나이를 물어봤어요! 그러자 곰이 자기가 여든여덟 살이라고 대답했어요!"

“그러면 이제 토끼에게 가서 나이를 물어보아라!”

집으로 돌아온 노인은 울기 시작했다.

“어쩌지? 어쩌지? 칸이 나에게 토끼 나이를 물어보라고 시켰어!”

딸은 나가서 열매를 따 가지고 왔다.

“이 열매를 토끼 굴에 가져다 놓으세요! 그렇게 한 다음 그냥 앉아서 기다리세요!”

노인은 토끼 굴로 가서 열매를 놓고 앉아서 기다렸다. 토끼가 와서 열매를 다 먹어 치웠다.

“내가 66년을 살았지만 이렇게 단 열매는 처음 먹어 봐!”

노인은 칸에게 가서 말했다.

“토끼가 그러던데 자기가 예순여섯 살이래요.”

‘노인 집에 누군가가 있는 것이 틀림없어. 가서 보고 와야겠다.’ 칸은 그렇게 결심하고 말을 타고 노인 집으로 갔다.

노인 집으로 오니 노인의 딸이 집에 앉아서 동물의 심줄을 꼬고 있었다. 칸이 들어가서 말했다.

“너는 네가 꼬고 있는 심줄의 꼬임이 몇 개인지 생각해 봤니?”

“칸께서 타고 오신 말이 저희 집에 오는 동안 몇 번 발을 굴렀는지 생각해 보셨어요?”

딸의 답변을 듣고 칸은 몹시 기뻐했다.

"그 처녀보다 더 나은 배필을 찾을 수 없을 것 같아!"

사악한 마법사

옛날 옛적에 한 유목 가옥에 두 형제가 살았다. 형은 게으르고 질투심이 많았고 동생은 선량하고 훌륭한 사냥꾼이었다. 세 마법사가 있었는데 그들은 변신을 할 수 있었다.

하루는 두 형제가 사는 집으로 세 마법사가 왔다. 마법사들은 두 형제에게 자신의 능력을 보여 주었다. 형은 그들의 능력이 아주 마음에 들었다. 그는 자신도 스스로 마법사가 되고 싶었다. 형이 동생에게 말했다.

"3년 동안 이 세 마법사들을 먹여 살려! 나도 이 사람들처럼 변신술을 배울 거야."

마법사는 3년 동안 형을 가르쳤고 동생은 3년 동안 네 사람에게 밥을 해 먹였다. 3년이 어느덧 흘러 마법사의 가르침은 끝났다. 마법사는 형이 배운 것을 시험해 보기로 했다. 마법사가 형에게 명령했다.

"변신해 봐!"

형은 까마귀로 변했다. 그러나 까마귀는 날지도 못했고 까마귀처럼 울지도 못했다. 그때 동생이 까마귀로 변했다. 까마귀로 변한 동생은 날기도 했고 까마귀처럼 깍깍거렸다. 세 마법사는 매우 놀랐다.

"우리가 가르친 형은 변신술을 제대로 습득하지 못했는데 가르치지도 않은 동생이 오히려 습득을 하다니!"

마법사들은 동생을 잡아먹고 싶어졌다. 마법사들이 동생을 죽이려 하자 동생은 잽싼 말로 변해 달아났다. 동생이 달아난 산기슭에 칸이 살고 있었다. 달아난 동생은 칸에게 가서 그의 반지로 변했다. 동생을 먹고 싶어 했던 세 마법사는 동생의 뒤를 쫓았다. 쫓아온 마법사들은 칸의 궁전에서 동생을 찾기 시작했다. 칸이 거처하는 곳으로 들어온 마법사들은 칸의 반지를 보았다. 칸이 말했다.

"내가 반지를 물어뜯어 땅 위에 던지겠다. 반지가 낟알로 변할 거다. 그러면 너희들은 닭으로 변해서 그 낟알을 쪼아 먹어!"

모든 것이 칸이 말한 대로 됐다. 그러나 칸은 낟알 한 톨을 숨겼다. 그 낟알이 인간으로 변했다. 그 인간은 자신의 사냥칼로 닭으로 변한 마법사들의 목을 베어 버렸다. 그때부터 마을에는 사악한 마법사들이 사라졌고 사람들은 평온하게 살게 되었다.

젖소 코를 가진 청년

옛날 옛적에 어느 마을에 할아버지와 할머니가 살았다. 그들에게는 젖소 한 마리가 유일한 재산이었다. 아들도 없었고 딸도 없었고 아무도 없었다. 젖소 한 마리뿐이었다. 그 젖소에게선 젖이 마를 날이 없었다. 젖이 아주 잘 나왔다. 하루는 젖소가 뛰어다녔다. 수컷을 원했던 것이다. 얼마 후 젖소는 새끼를 낳았다. 3일 후 새끼는 사람으로 변했다. 비록 인간의 몸이었지만 코는 젖소 코였다. 청년은 태어나서 얼마 동안은 할아버지와 할머니 집에 살았고 그 후 자신의 행복을 찾아서 집을 떠났다. 그는 돌아다니다 한 들판에 도착했다. 들판에 앉아서 머리를 빗고 있는 한 청년이 보였다. 젖소 코 청년은 머리를 빗고 있는 청년에게 다가갔고 둘은 인사를 나누었다. 이제 두 사람이 함께 길을 가게 되었다. 들판을 따라 걸어가다가 한 청년이 앉아 있는 것이 보였다. 서로 인사를 나누었다. 이제 세 사람이 함께 길을 가게 되었다.

세 청년은 자신의 힘을 시험하기 위해 활을 쏘고 싶었다. 3일 동안 그들은 나무를 쌓아 올렸다. 한 청년이 그 나무 더미를 향해 화살을 날렸다. 나무 더미가 그 자리에서 흩어졌다. 7일 동안 청년들은 다시 나무를 쌓아 올렸다. 제일 나이가 많은 청년이 말했다.

"내가 단단한 나무를 쏘면 어떻게 될까?"

청년은 화살을 쏘았고 화살은 땅 위에 떨어졌다. 세 달 동안 청년은 자신의 화살을 찾아다녔다. 오랫동안 찾아다녔다. 마침내 화살이 한 집의 굴뚝에 박혀 있는 것이 보였다. 청년이 다가가 집 안을 들여다보니 세 처녀가 머리를 빗고 있었다.

세 청년 중 제일 나이가 많은 청년의 이름은 투굴주였고, 두 번째로 나이가 많은 청년은 사리흐 타르바, 막내는 쿄크 타르바였다. 세 청년이 안을 들여다보았다. 세 처녀는 청년들이 들여다보고 있다고는 생각지도 못했다. 제일 나이가 많은 처녀가 말했다.

"나는 투굴주에게 시집갈 거야!"

세 청년은 처녀들을 데리고 가지 않고 사냥을 하러 갔다. 사슴을 죽였고 한 청년이 고기를 지키려고 망을 보았다. 망을 보는데 작은 노파가 왔다. 노파가 말했다.

"배가 고파!"

망을 보던 청년은 고기를 삶기 위해 물을 길으러 갔다. 청년이 물을 길어 가지고 와 보니 고기도 노파도 사라지고 없었다. 노파가 고기를 훔쳐 달아났다. 이번에는 투굴주가 망을 보았다. 고기를 훔쳐 갔던 노파가 다시 와서 말했다.

"배가 고파!"

그러자 투굴주는 그 노파에게 물을 길어 오라고 했다. 그리고 몰래 물동이 바닥에 구멍을 냈다. 노파는 화가 나서 돌아왔다. 노파가 말했다.

"나를 묶어!"

투굴주는 노파를 묶고 싶었으나 그녀를 묶을 줄은 풀로 만든 것이었다.

"내 이마를 망치로 때려!"

노파가 명령했다. 노파의 망치는 숯으로 만들어져서 망치는 때리자마자 산산이 부서져 버렸다. 노파가 말했다.

"내 귀를 집게로 집어!"

노파의 집게는 나무로 된 것이어서 귀에 꼽자 망가져 버렸다.

투굴주는 자신의 가죽 끈으로 노파를 묶었다. 자신의 쇠망치로 노파의 이마를 때렸고 철 집게로 노파의 귀를 집었다. 노파는 달아났다. 투굴주는 노파의 귀에서 흘러나온 피를 따라 노파를 추격했다. 투굴주가 노파를 잡으려고 하자 노파는 구멍에 숨었다. 투굴주는 올가미를 타고 구멍으로 내려갔다. 그러나 투굴주가 구멍으로 내려가자 사리흐 타르바와 쿄크 타르바가 투굴주의 올가미를 잘라 버렸다. 투굴주는 구멍 속에 떨어져 죽은 노파 곁에 있게 되었다. 그는 세 달 동안 잠을 잤다. 투굴주 옆에 자작나무 한 그루가 자랐다. 투굴주는 그 자작나무를 타고 위로 올라왔다. 구멍에서 나온 투굴주는 두 친구의 뒤를 쫓기 시작했다. 두 친구는 이미 세 처녀를 데리고 달아났다. 두 친구를 따라잡은 투굴주는 그들을 돌로 죽인 후 세 처녀를 아내로 삼았다. 투굴주와 세 여자는 함께 살았다.

투굴주는 새를 사냥하기 시작했다. 세 아내는 투굴주에게 새의 깃털로 외투를 만들어 주었다. 투굴주는 자신의 아버지와 어머니가 생각나서 새의 깃털로 된 외투를 입고 혼자서 부모님에게로 향했다. 아들을 자세히 보려고 아버지는 한쪽 문 옆의 지붕을 칼로 잘랐고 어머니는 다른 쪽 문 옆의 지붕을 가위로 잘랐다. 그러다 실수로 아들의 코를 베어 버렸다. 부모는 처음에 아들을 알아보지 못했다. 알고 보니 그가 젖소 코를 가진 아들이었다.

인간의 아들과 개구리 딸

옛날 옛적에 한 호숫가에 한 토팔라르 여인이 살았다. 그녀에게 아들이 태어났다. 하루는 남편이 사냥을 나갔다가 돌아오지 못했다. 아마도 타이가 어디에선가 죽었을 것이다.

그 호숫가에 아주 큰 개구리가 살았다. 개구리는 딸을 낳았다. 그러나 개구리는 아들을 둔 인간 여인이 너무 부러웠다. 개구리에게는 딸이 있었지만 아들을 너무 갖고 싶었다.

하루는 인간 여인과 개구리가 호숫가에서 마주쳤다. 개구리가 인간 여인에게 말했다.

"우리 아이들을 호수 저쪽 편에 놓아둔 다음 우리가 지금 서 있는 이곳에서 우리 아이들이 있는 그곳까지 달리기를 하자. 우리 중에 먼저 아이들이 있는 데까지 도착하는 이가 아들을 데려가고, 나중에 도착하는 이가 딸을 데려가도록 하자. 나는 호수의 오른쪽에서 달릴 테니, 당신은 호수의 왼쪽을 따라 달려. 왼쪽이 더 짧은 길이야."

인간 여인은 그렇게 하자고 했다. 그들은 아이들을 호수 저쪽에 놓은 다음 약속했던 장소로 갔다. 그리고 호수 주위를 달리기 시작했다. 개구리는 호수 오른쪽을 따라서 달렸고 인간 여인은 왼쪽을 따라 달렸다. 인간 여인이 호수 주위를 달리는 동안 개구리는 호수를 헤엄쳐서 아이들이 있는 곳으로 바로 갔다. 개구리가 먼저 아이들이 있는 곳에 도착해서 인간 여인의 아들을 데리고 달아났다. 인간 여인은 아이들이 있는 곳에 도착해서 개구리의 딸만 남아 있는 것을 보고 그 딸을 데리고 집으로 돌아갔다.

어느덧 세월이 흘러 개구리가 훔친 사내아이는 개구리의 아들로 성장했다. 그들에게는 사슴이 몇 마리 있었다. 어느 날 아들이 개구리 어머니에게 말했다.

"사냥을 다녀올게요."

"다녀오너라."

청년은 사냥을 나갔다. 오랜된 숲의 그을음 흔적을 따라서 가다가 야생 사슴 떼를 발견했다. 청년은 몰래 사슴 떼로 다가가서 활을 쏘아 통통한 사슴 두 마리를 죽였다. 사슴의 가죽을 벗긴 후 고기는 창고에 남겨 두고 토팔라르 사냥꾼의 관습에 따라 간과 콩팥만 가지고 집으로 향했다.

청년이 길을 가고 있었다. 낯선 길을 따라가는데 갑자기 앞에 있는 외딴집에서 연기가 나오는 것이 보였다. 청년은 조심스럽게 그 집으로 다가가 조용히 위로 올라가 굴뚝을 통해 집 안을 들여다보았다. 한 여인이 앉아서 바느질을 하고 있었다. 그 여인 옆에는 여자아이가 앉아 있었다. 모닥불 위에 솥이 걸려 있었고 솥 안에서는 무언가가 끓고 있었다.

청년은 품 안에 사슴의 통통한 콩팥이 있다는 것이 생각났다. 그는 위에서 솥으로 기름 한 점을 떨어뜨렸다. 갑자기 여자아이가 소리치기 시작했다.

"엄마! 보세요! 우리 솥에 기름이 둥둥 떠 있어요!"

"우리 솥에 어떻게 기름이 있을 수 있단 말이니!"

"나에게 아들이 있었다면 솥에는 기름진 고깃국이 끓고 있었을 텐데. 그러나 개구리가 나를 속여 내 아들을 데려갔고 그래서 이렇게 아들 없이 살게 되었어."

바느질을 하고 있는 여인의 손가락은 다섯 개지만 딸의 손가락은 네 개였다. 그는 자기 손가락을 바라보았다. 그에게는 다섯 개의 손가락이 있었다. 그는 집에서 내려와 사슴을 타고 가던 길을 계속해서 갔다. 집에 도착해서 청년은 개구리 엄마에게 물었다.

"어머니! 야생 사슴 두 마리를 잡았어요. 이제 고기가 많이 생길 거예요. 곧 고기를 가지러 출발할 거니 준비하세요."

이제 청년은 찬찬히 주의 깊게 자신의 엄마를 살펴보았다. 엄마의 손을 바라보았다. 손가락이 네 개밖에 없었다. 청년은 개구리 엄마에게 손가락에 대해서 아무 말도 하지 않고 사슴에 빈 자루를 싣고 개구리 엄마와 함께 고기를 가지러 사냥을 했던 장소로 출발했다. 고기가 놓여 있는 창고에 도착하자 청년이 말했다.

“여기서 밤을 보내세요. 저는 고기를 우리 집에 가져다 놓고 내일 어머니를 모시러 올게요.”

청년은 개구리 엄마가 밤을 보낼 수 있도록 다 탄 나무에서 나무껍질을 많이 모아서 모닥불을 피웠다. 마른 나무껍질은 숯이 생기지 않고 아주 빨리 잘 탄다. 그래서 나무껍질로 피운 모닥불은 빨리 꺼진다. 청년은 개구리 엄마에게 모닥불을 피워 활활 타오르게 해 주었다. 그러나 모닥불은 오래 타지 못했다. 이미 한밤중에 꺼져 버렸다. 밤은 추웠다. 모닥불을 피우지 못하는 개구리는 아침 무렵에 싸늘히 식어 있었다.

한편 청년은 고기를 싣고 집으로 출발했다. 오솔길을 따라가다가 다시 그 외딴집에 다가갔다. 집 앞에 멈추더니 집에 들어가기로 결심했다.

집 안에는 여인이 앉아서 나무 바늘로 장화를 꿰매고 있었다. 손가락에는 무두질이 되지 않은 가죽으로 만든 골무를 끼고 있었다. 청년은 인사를 하고 나서 말했다.

“당신 아들을 개구리가 거짓말을 해서 데려갔다고 하던데, 사실인가요? 어떻게 된 일인지 이야기해 주세요. 제가 도울 수 있을지도 모르니까요.”

여인은 그때 있었던 일을 모두 청년에게 이야기해 주었

다. 여인은 계속해서 말했다.

"지금 나는 개구리의 딸을 키우고 있어. 그 아이는 게으르고 아무런 도움이 되지 않아. 아무 일도 하려고 하지 않고 차려 놓은 음식만 먹고 마셔. 여름에는 노래만 부르고 놀아. 내가 여름에 잘 먹이지 않고 겨울에 잠을 잘 때 이불을 잘 덮어 주지 않는다고 투덜대."

청년은 여인이 하는 얘기를 주의 깊게 듣고 나서 말했다.

"당신 아들이 바로 저예요. 개구리가 저를 키웠어요. 개구리는 당신 딸처럼 손가락이 네 개예요. 그런데 나와 당신의 손가락은 다섯 개예요. 당신이 제 어머니이고 제가 당신 아들이란 뜻이지요."

"맞아. 아들아! 내가 네 엄마다. 그런데 개구리 딸은 어떻게 하지?"

"그 아이는 엄마에게 너무 나쁜 딸이었어요. 그러니 제가 그 아이를 혼내 줄 거예요."

청년은 개구리 딸의 긴 뒷다리를 잡고 집에서 끌어냈다. 집에서 멀지 않은 곳에 시내가 흐르고 있었다. 시냇가에는 큰 돌들이 쭉 깔려 있었다. 청년은 개구리의 딸을 거기로 끌고 가서 돌에 패대기치기 시작했다. 너무 세게 내리쳐서 사방으로 붉은 피가 튀었다. 지금까지도 개구리의 피가 씻기지 않은 채 남아 있다. 토팔라르인들은 바위에 남은 붉은 얼룩을 보고는 이렇게 말한다.

"이게 개구리의 붉은 피구나!"

그 후 아들과 어머니는 집을 떠나 행복을 찾아서 사얀 땅을 돌아다녔다. 토팔라르인들은 사람을 속이는 것은 오래가지 못한다고 말한다. 그리고 정직하게 살아야만 잘 살 수 있다고 말한다.

불멸의 인간들

옛날 옛적에 한 마을에 할아버지와 할머니가 살았다. 그들에게는 세 아들이 있었다. 세 아들이 결혼을 해서 손자가 많이 태어났다. 세 아들은 훌륭하고 운이 좋은 사냥꾼들이었고 식구들을 다 먹여 살렸다. 그러나 마을 가까이에 짐승이 줄어들자 사냥꾼들은 사냥을 하기 위해 마을에서 멀리 떠나야만 했다.

세 아들은 좋은 사냥터를 찾아가기로 결심했다. 때는 겨울이었다. 그들은 사슴을 타고 출발했고 짐을 실은 사슴들이 뒤를 따랐다. 개들이 그들과 함께 달렸다. 계속 달려서 마침내 마을에서 멀리 떨어진 낯선 장소에 도착했다. 어둑어둑해졌다. 곧 밤을 보낼 장소를 만들어야만 했다. 그들은 장소를 물색하기 시작했다. 산기슭 근처에 구멍이 보였다. 그 구멍에서 김이 나오고 있었다. 구멍 주위는 온통 서리가 덮여 있었다. 세 아들은 사슴에서 내려 구멍 가까이 다가가 들여다보았다. 구멍은 사람이 겨우 누울 정도로 작았다.

큰형이 말했다.

"곰의 굴이 아닐까?"

"아니야. 곰의 굴 같지는 않아."

동생들이 형의 말에 반대했다.

"곰의 굴이라면 우리 개들이 눈치채고 짖어 댔을 거야. 예전에 곰의 굴에서 곰을 사냥한 적이 있었거든."

"그러면 내가 기어 올라가 볼게."

큰형이 그렇게 말하고 기어 올라갔다.

"오호! 여기는 진짜 넓고 따뜻해! 우리 모두가 지내기에 충분해! 모두들 올라와. 개들을 잘 붙잡고 있어. 사슴을 단단히 묶어!"

동생들은 사슴들을 나무에 단단히 묶고 개들을 붙잡은 채 형이 있는 구멍으로 올라갔다. 진짜로 거기는 따뜻했고 어디선가 선명하지는 않지만 빛이 들어왔고 땅에는 약간 비탈진 작은 길이 보였다. 개들은 길을 따라 아래로 달려갔고 형제들이 개 뒤를 따라 아래로 내려가기 시작했다. 가면 갈수록 아래는 점점 더 밝았다. 그리고 아주 작은 마치 장난감 같은 파란 나무와 덤불들이 보였다. 그 누구도 예전에 그런 나무를 본 적이 없었다. 수수께끼 같은 그곳으로 더 깊이 들어가면 갈수록 점점 더 더워졌다. 너무 더워서 형제들은 입고 입던 털옷과 모자, 장갑을 벗어야만 했다.

갑자기 어디선가 토끼를 탄 작은 사람들이 나타났다. 그들은 어디론가 아래로 뛰어갔다. 형제들은 놀라서 그들을 서둘러 따라갔다. 얼마를 갔을까 그들은 크고 넓은 들판에 도착했다. 들판 한가운데에 작은 사람들이 사는 큰 마을이 있었다. 마을 가운데에 큰 모닥불이 타오르고 있었고 그 주위에 사람들이 많이 앉아 있었다. 아이들은 들판을 뛰어다니며 놀고 있었다. 아이들이 많았다. 형제들은 사람들과 아이들에게 해를 입히지 않으려고 자신들의 개를 재빨리 붙잡았다. 그러고 나서 모닥불 근처로 조용히 다가갔다. 다가가서 보니 작은 사람들 중에 흰 수염의 할아버지, 백발의 할머니, 화려한 옷을 입은 젊은 남자와 여자들이 있었다. 그들은 모두 불 근처에 앉아서 무언가를 먹고 있었다. 삶고 구운 고기 냄새가 났다. 형제들도 시장기가 느껴졌다.

'이 사람들은 죽지 않는 사람들일 거야. 우리가 보이지 않을 거야.' 큰형이 그렇게 짐작하고 말했다.

"언젠가 어머니가 우리에게 이야기해 주었던 그 사람들이야. 기억하니?"

갑자기 한쪽 눈밖에 없는 흰 수염의 노인이 말했다.

"애들아! 지상의 세계에서 개들과 함께 온 사람들의 모습이 보이고 그 소리가 들려. 그들을 먼저 생명의 물로 씻게 하면 그들이 우리를 볼 수 있고 우리가 하는 말을 들을 수 있고 우리와 말을 할 수 있을 거야. 애들아, 그들에게 생명의 물이 있는 샘을 알려 주거라!"

처녀들이 몇 명 일어나서 형제들에게 다가가 그들을 생

명의 물이 있는 샘으로 안내했다. 거기서 형제들은 몸을 씻었다. 생명의 물은 그들의 피로를 바로 가시게 해 주었다. 형제들은 곧 생기가 넘쳤고 기분이 상쾌해졌다. 형제들이 몸을 씻자마자 불멸의 사람들에게 형제들이 보였다. 그 사람들은 형제들과 개들을 배불리 먹였다. 형제들은 오랫동안 그 작은 사람들과 담소를 나누었다.

그 사람들은 형제들을 3일 밤과 낮 동안 손님으로 접대했다. 형제들은 소인들이 토끼를 타고 다니고 평화롭게 살고 모두 함께 일하고 정직한 노동으로 먹고산다는 것을 알게 되었다. 노인들은 큰일을 해야 할 경우에는 모두 함께 회의를 했다.

3일째 되던 날 가장 연장자 중 한 사람이 형제들에게 조언을 했다.

"당신들 토팔라르인들도 우리처럼 살아야지요."

"진정 어린 조언과 환대에 감사합니다! 이제 우리는 우리 땅으로 돌아가야 합니다. 우리는 집에 가야 합니다. 아내와 아이들, 부모님이 기다리고 있습니다."

"그렇다면 할 수 없지요. 얘들아! 손님들을 배웅해라. 손님들에게 위로 올라가는 길과 출구를 알려 드려라. 서둘러 집으로 가셔야 한다!"

그러자 젊은이 몇 명이 토끼에 안장을 채우고 토끼 등에 올라 형제들 앞에서 길을 안내하며 뛰기 시작했다. 형제들도 서둘러 그들의 뒤를 따라갔다.

부르한에 관한 전설

먼 옛날 부르한과 아자한이 살았다. 그들은 서로 반목했고 서로를 증오하는 마음을 품었고 싸우고 욕설을 퍼부었고 서로를 비난했다. 아자한은 부르한을 짐승 보듯 했고 일을 하지도 않았다. 부르한은 아자한을 참을 수 없었다. 그렇게 오래 살았음에도 둘의 감정은 더 좋아지지도 더 나빠지지도 않았다. 하루는 부르한이 생각에 잠겼다. '어떻게 하면 아자한을 이 세상에서 몰아낼 수 있을까?' 그는 생각하고 또 생각했다. 결국 혼자서는 사악한 아자한을 당할 수 없다는 결론을 내렸다. 자신의 조력자를 만들어야겠다고 결심했다. 그래서 부르한은 땅을 만들었다. 땅은 사슴의 가죽처럼 매끈하고 평평했다. 부르한이 왼손을 흔들자 땅 위에 나무가 자라났고 들판은 풀로 뒤덮였고 강과 시냇물이 흘렀다. 부르한이 오른손을 흔들었다. 강은 물고기로 가득해졌고 들과 숲에는 다양한 짐승이 나타났다.

부르한은 구름 속에서 나와 땅으로 내려가 자신의 창조물들을 만족스럽게 바라보았다. 그런데 짐승들은 모두 말을 하지 못했다. 그리고 부르한을 보고는 깊은 숲 속으로 달아났다. 부르한은 짐승 중에는 조력자가 없을 거라는 것을 알게 되었다. 그래서 부르한은 짐승들 중에서 일흔일곱 마리의 곰을 골라서 그들 중에서 자신을 도와줄 인간을 만들기로 결심했다. 검은색, 붉은색, 흰색의 다양한 털을 지닌 곰들이었다. 부르한은 털 깎는 기구를 들고 곰의 털을 손질하기 시작했다. 편하게 작업을 하기 위해 한 손으로는 곰의 머리를 잡고 다른 손으로 털을 깎았다.

그렇게 땅에 최초의 인간들이 나타나게 되었다. 그들은 신과 비슷하게 생겼고 색깔은 희고 검고 노랬다. 부르한이 털을 깎을 때 잡고 있던 곰의 머리에는 털이 그대로 남아 있었다. 부르한은 그가 만든 인간들을 모이게 하고 그들에게 언어를 나누어 주고 3일 동안 돌 조각으로 큰 산을 빚으라고 명령했다. 일흔일곱 명의 인간은 즉시 일에 착수했다. 사흘만에 아주 큰 산을 빚었다. 산의 꼭대기가 구름에 닿았다. 부르한은 인간이 해 놓은 일을 보고 아주 만족했다. 부르한은 그 산을 이디크 산이라고 불렀다.

부르한은 아자한을 산으로 유인해서 싸우기 시작했다. 신과 사탄은 오랫동안 전투를 벌였다. 사람들은 신과 사탄이 서로 엎치락뒤치락하는 것을 지켜보았다. 아자한이 교활하게 부르한을 산에서 떨어뜨리려고 하자 인간들 중 크고 힘이 센 남자가 신을 도와주려고 급히 가서 아자한을 바위 쪽으로 몰아붙인 다음 이디크 산 아래로 떨어뜨렸다. 부르한은 사악한 아자한을 이긴 것이 매우 기뻤다. 자신을 지켜 준 인간을 다크 예예지라고 이름 붙이고 그를 산의 주인으로 명했다.

일흔일곱 명의 사람들은 모두 함께 살았다. 우애 있고 평화롭게 살았다. 어떤 사람은 사냥을 하러 다녔고 어떤 사람은 물고기를 잡았고 어떤 사람은 가축을 치는 것을 좋아했고, 또 어떤 사람은 땅을 파고 곡식을 심는 것을 좋아했다. 부르한은 사람들이 각자 좋아하는 것이 서로 다르다는 것을 알았다. 그는 사람들을 색깔에 따라 집단으로 나누고 그들이 원하는 것을 하도록 했다. 한 집단이 땅을 파고 곡식을 심었는데 그 사람들이 최초의 러시아인이다. 다른 집단은 유목을 했는데 그들이 최초의 부랴트인이다. 세 번째 집단이 사냥을 생업으로 했는데 그들이 최초의 토팔라르인이다.

토팔라르인들은 이디크 산 근처에 살며 산의 주인인 선량한 정령 다크 예예지를 경배했다. 다크 예예지는 항상 사람들을 도와주고 사람들에게 봉사했는데 스스로가 인간 출신이기 때문이다. 토팔라르인은 다크 예예지에게 사냥을 잘하게 해 달라고 부탁하고 사슴을 제물로 바치곤 했다.

돌 목걸이

늙은 독수리 한 마리가 넓은 날개를 흔들며 뾰족하고 높은 바위에서 아래로 날았다. 독수리는 먹이를 찾아 우다 강을 건넜고 산과 계곡을 날아갔다. 사실 독수리는 너무 늙었다. 아주 오래 살았고 땅 위를 많이 날아다녔다. 두 눈은 빛을 잃었다. 눈물을 많이 흘렸다. 그러나 한때는 강하고 용감한 독수리였다. 그래도 기억력만큼은 예전처럼 아주 좋았다. 많은 것을 기억하고 있었다.

늙은 독수리는 바위에 앉아 생각에 잠겼다. 독수리의 머리에 옛날 기억들이 우다 강의 아름다운 물을 품은 카라 부렌 강의 세차게 흐르는 어두운 물살처럼 차례차례 스쳐 지나갔다. 예전에 독수리는 젊었고 겁이 없었다. 두 눈은 매서워서 제일 민첩한 토끼조차 독수리의 눈을 피할 수 없었다. 독수리는 젊고 콧대가 높은 여자 독수리가 마음에 들었다. 두 독수리는 사람의 발길이 닿지 않는 뾰족한 바위틈에 둥지를 조심스럽게 짓고 함께 살기로 했다. 얼마 후 두 독수리 사이에서 새끼 독수리가 태어났다. 두 독수리는 새끼에게 먹이를 물어다 주고 비와 눈이 올 때는 그들의 크고 따뜻한 날개로 새끼를 덮어 주었다. 새끼 독수리가 처음으로 날개를 흔들며 날았을 때 두 독수리의 눈에 기쁨이 가득했다.

바람이 세차게 불던 어느 날 밤 땅이 흔들리고 산이 울렸다. 날카롭고 둔탁한 소리를 내며 나무가 넘어지고 바위가 쪼개졌다. 낮에는 강하건 약하건 용감하건 겁이 많건 서로 싸우던 짐승들과 새들은 너 나 할 것 없이 다 죽었고, 목숨을 건지기 위해 무너지는 산에서 멀리 도망갔다. 독수리의 가슴에서 울음소리가 터져 나왔다. 두 눈은 촉촉해졌다. 아내가 죽은 그날 밤을 생각할 때마다 독수리는 항상 눈물이 나왔다.

아침이 되자 태양은 예전처럼 밝게 빛났고 땅을 환하게 비추었다. 태양은 미소를 머금고 대지를 따뜻하게 데워 주었고 생명을 선사했다.

무서웠던 밤과 아내의 죽음의 고통을 안은 독수리와 어린 독수리는 둥지를 틀 새로운 장소를 찾아 날아갔다. 어린 독수리는 어두침침한 바위들의 폐허 속에서 하얀 자고새 한 마리를 보았다. 그 새는 날개가 있었지만 날지 못했다. 어린 독수리는 배가 고파 자고새를 잡아먹고 싶어졌다. 그러나 갑자기 독수리의 매서운 두 눈에 가엾은 자고새의 흰 날갯죽지에 있는 핏방울이 보였다. 독수리의 가슴에 자고새에 대한 연민의 정이 밀려들었다. 자고새는 다쳐서 일어날 수 없었다.

자고새는 독수리를 바라보았다. 이미 두려움도 애원의 눈빛도 없었다. 그저 죽음을 기다리고 있었다. 그저 죽기를 원했다. 갑자기 자고새가 노래하기 시작했다.

"친구야! 너는 나에게 오지 않았으면 좋았을걸. 아! 그 사악한 밤이 왜 나를 데려가지 않았을까!"

독수리가 답했다.

"왜 그렇게 우니? 왜 그렇게 슬프게 노래하니?"

"여기 내 친구가 누워 있어. 오늘 밤에 죽었어."

"울지 마, 친구야! 나도 엄마가 돌아가셨어. 내가 너를 사랑해 주고 물과 먹이를 물어다 줄게. 같이 살자."

"아니! 나는 임자가 있어. 돌 목걸이[6]가 나에게 묶여 있어."

"그것을 끊어 버려야만 해."

독수리는 그렇게 말하고 노래를 부르기 시작했다. 독수리는 무서웠던 밤에 대해 노래했고 흰 자고새를 사랑하고 절대로 자고새를 혼자 남겨 두지 않겠다고 노래했다. 자고새는 목걸이를 던져 버렸고 독수리는 날카로운 발톱으로 재빨리 목걸이 끈을 끊어 버렸다.

---

6) 신랑이 신부에게 결혼 전에 걸어 주었던 것으로 두 사람을 영원히 묶어 준다는 의미를 지님.

독수리는 자고새가 앉아 있던 곳으로 눈길을 돌렸다. 새는 없었다. 앞에 검은 눈동자를 한 아름다운 여인이 서 있었다. 그리고 독수리도 이제 새가 아니라 청년이 되었다. 처녀는 청년에게 손을 내밀고 미소를 지었다. 두 사람은 좋은 장소를 찾아 황무지를 떠났다.

늙은 아버지 독수리의 눈이 다시 침침해졌다. 그가 무엇을 할 수 있겠나? 늙은 독수리는 행복한 두 사람 위를 오랫동안 날아다니며 그들을 사나운 짐승으로부터 지켜 주고 청년이 된 아들 독수리가 사냥하는 것을 도와주었다.

테르 오키시(꽃의 골짜기)

남편과 아내가 살았다. 남편은 사냥을 다녔고 아내는 사슴을 지키고 옷과 집을 덮을 덮개를 만들었다. 아이들이 많이 태어났으나 다 죽었다.

하루는 남편이 사냥을 나간 사이 아내가 아들을 낳았다. 잘생긴 아들이었다. 얼굴은 달덩이 같았고 두 눈은 별처럼 빛났다. 엄마는 피부가 강해지고 불행한 일에도 인내력이 강해지라고 갓 태어난 아기를 소금물에 씻긴 다음에 자작나무껍질로 만든 요람에 넣었다. 그러고 나서 빵을 굽기 시작했다.

시간이 어느덧 많이 흘렀다. 남편은 아직도 사냥에서 돌아오지 않았다. 아들은 벌써 자랐다. 어린 자작나무로 자기 활을 만들고 화살도 만들었다. 아들은 아버지를 찾으러 가게 해 달라고 사냥을 하게 보내 달라고 엄마에게 졸랐다.

젊은 울루겐은 숲을 따라다니며 짐승을 잡아먹고 삼나무 아래에서 잠을 자고 산속 샘에서 세수를 하고 계속해서 걸어갔다. 어느 날 밤 울루겐은 무서운 고함 소리에 잠에서 깼다. 젊은 사냥꾼은 무서워서 활을 당긴 채 대기했다. 울루겐이 그곳을 보니 삼나무 꼭대기에 부엉이가 서서 웃고 있었다. 바로 그 부엉이가 큰 소리를 내서 울루겐을 깨운 것이다. 그러고는 그를 보고 웃고 있었다. 울루겐은 화가 나서 부엉이를 향해 화살을 날렸다. 그러나 부엉이는 옆으로 날아가며 말했다.

"울루겐이 화가 났네. 네가 왜 길을 떠났는지를 상기하는 것이 더 좋을걸. 내가 도와줄게. 이제부터 아버지를 찾기 위해서는 낮에 자고 밤에 걸어야 할 거야. 네 아버지는 살아 있어. 그런데 사악한 마녀의 마법에 걸렸지. 아버지를 구해야 해."

부엉이는 사흘 밤을 날았고 울루겐이 그 뒤를 따라 걸었다. 부엉이는 사흘 낮 동안 나무 구멍에 앉아 있었고 울루겐은 나무 아래에서 잠을 잤다. 나흘째 되는 날 밤에 부엉이가 울루겐에게 말했다.

"지금 우리는 마녀의 집에 가게 될 거야. 마녀는 너를 잠들게 할 거야. 그러나 절대로 잠을 자면 안 돼. 잠을 자면 너도 마법에 걸리고 아버지를 구하지 못해. 호주머니에 뾰족한 돌들과 나뭇가지를 넣어. 잠이 오면 그것들을 깔고 앉아. 그다음에 어떻게 해야 하는지는 스스로 알게 될 거야. 나는 네 옆에 있을게."

자정이 되자 울루겐은 들판으로 나갔다. 사방에서 북소리와 종소리가 들렸다. 노랫소리도 들렸다. 한 처녀가 노래를 부르고 있었다. 노랫소리가 나자마자 골짜기 전체가 환해졌다. 꽃들이 저마다 빛을 발했다. 꽃들 사이에서 풀밭 위로 노란 줄이 보였다. 울루겐의 눈이 졸려서 감기기 시작했다. 그는 풀밭에 누웠다. 부엉이가 말한 것이 생각났다. 나뭇가지와 돌들을 밑에 깔았다. 처녀의 모습은 보이지 않고 노랫소리만 들렸다. 종소리와 북소리가 들렸다. 울루겐의 머리가 완전히 풀밭에 닿아 나뭇가지와 돌에 부딪쳤다. 울루겐은 눈을 크게 뜨고 외쳤다.

"누가 여기서 노래하는 거야? 누가 밤중에 노랫소리로 잠자는 것을 방해하는 거야?"

처녀의 목소리가 대답했다.

"나예요."

"누군데? 나와 봐."

"지금 당신에게 모습을 보일 수 없어요. 내일 해가 뜨면 나를 보게 될 거예요."

"어떻게?"

"노란 줄이 보이죠? 해가 뜨면 노란 줄로 다가가세요. 그러면 나를 보게 될 거예요."

그때 울루겐은 부엉이의 고함 소리를 들었고 마녀를 붙잡을 때라는 것을 알아차렸다. 울루겐은 벌떡 일어나서 노란 줄 쪽으로 갔다. 종소리와 북소리가 소란스럽게 울리기 시작했다. 울루겐은 노란 줄로 다가갔다. 거기에는 예쁘고 반짝거리는 여자의 허리띠가 있었다. 울루겐이 그것을 잡자 말로 형언할 수 없이 아름다운 처녀가 노란 옷을 입고 앞에 나타났다. 울루겐은 그녀를 바라보고는 왜 그가 여기에 왔는지조차 잊어버렸다. 다시금 부엉이가 소리쳤다. 처녀가 말했다.

"왜 해가 뜰 때를 기다리지 않았어요? 왜 내 말을 듣지 않았어요?"

"지금 너는 힘이 없어. 나에게 마법을 쓸 수 없어. 나는 네가 두렵지 않아. 내 아버지가 어디에 있는지 말해."

처녀는 아무 말이 없었다. 부엉이의 고함 소리가 들렸다. 다시 울루겐이 소리쳤다.

"말해. 우리 아버지 어디 있어? 네 허리띠를 찢어 버릴 거야. 그러면 네 힘은 사라져."

"네 아버지는 여기에 있어. 그런데 눈이 멀었어. 해가 뜰 때 나를 보았어. 해가 뜰 때 나를 보는 사람은 내 아름다움과 내가 입은 옷으로 인해 눈이 멀지. 내 허리띠를 돌려줘. 아버지 있는 곳으로 데려다줄게."

"아니! 먼저 아버지를 이리로 데려와. 그다음에 너에게 허리띠를 줄지 한번 생각해 볼게."

북소리와 종소리가 나기 시작했다. 붉은 꽃 한 송이가 활짝 피더니 흔들렸다. 꽃잎 하나가 떨어졌다. 울루겐 앞에 그와 닮은 사냥꾼 하나가 우뚝 나타났다. 사냥꾼이 말했다.

"나는 네가 보이지 않아. 마녀야! 허리띠를 만지게 해 줘. 허리띠가 나에게 생명을 줄 거야."

처녀가 말했다.

"너를 데리러 네 아들이 왔어. 너를 놓아주겠다. 그러나 너는 장님이 될 거야."

사냥꾼은 기뻤다. 눈물이 볼을 타고 흘러내렸다.

다시 부엉이가 소리쳤다. 울루겐은 골짜기를 바라보았다. 꽃이 많이 있었다. 울루겐은 그 꽃들이 바로 마녀의 마법에 걸린 사냥꾼들이라는 것을 알아차렸다. 울루겐이 말했다.

"아니야! 이걸로는 부족해. 사냥꾼들을 다 놓아줘. 꽃 한 송이라도 남아서는 안 돼."

마녀는 화가 났다. 그러나 달리 방법이 없었다. 꽃들이 모두 활짝 폈고 흔들렸고 꽃잎이 떨어졌다. 그루터기가 자라기 시작했고 울루겐 앞에 사냥꾼 일흔일곱 명이 모습을 보였다. 모두들 장님이었다.

다시 부엉이가 소리치기 시작했다. 울루겐은 노란 띠를 찢어서 불태운 다음 재를 나무로 만든 찻잔에 담았다. 다시 부엉이가 소리쳤다. 울루겐은 아버지에게 다가가 재로 아버지의 눈을 비볐다. 아버지는 눈이 보이게 되었다. 그는 다른 사냥꾼들에게도 그렇게 해 주었다. 모두 보이게 되었다. 사냥꾼들은 크게 기뻐했고 울루겐을 칭찬했다. 그때 부엉이가 다시 소리쳤다. 울루겐은 여자를 바라보았다. 풀밭에 반짝거리는 노란 옷을 입은 아름다운 여자가 앉아 있었다. 울루겐이 여자에게 다가갔다.

"왜 우세요? 당신은 이제 사악한 마녀가 아니에요. 보통 여자로 변했어요. 당신이 너무 아름다워 저는 당신에게 홀딱 반했어요. 우리와 함께 살아요. 내가 당신의 남편이 될게요."

울루겐은 아버지와 여자를 데리고 집으로 돌아왔다. 어머니는 아버지와 아들을 보고 아주 기뻐했다. 여자 역시 아주 마음에 들었다. 결혼식을 치르고 모두 오랫동안 행복하게 살았다.

사람과 뱀

아주 오랜 옛날 한 남자가 걸어가고 있었다. 시냇가에 긴 뱀이 누워 있었다. 그 뱀은 사람의 목소리로 말했다.

"나를 들어서 하천 반대편에 놓아 줘!"

남자가 뱀을 보고 생각했다.

'이 뱀은 아마 시냇물을 헤엄쳐 건널 수 없나 보다. 내가 들어다 줘야지!'

남자는 그렇게 생각한 후 그 긴 뱀을 들어서 자기 어깨에 얹고 시냇물을 건너기 시작했다. 남자가 뱀을 얹고 반대편 시냇가로 건너가자 뱀은 갑자기 남자를 꽉 누르기 시작했다. 남자가 물었다.

"내가 무슨 잘못을 했다고 나를 죽이려 하니?"

"좋아! 세 군데 가서 물어보자. 그러면 네가 뭣 때문에 죽게 될지 알게 될 거야!"

그 후 남자는 출발했다. 남자는 길에 가죽으로 된 침구가 놓여 있는 것을 보았다. 남자가 물었다.

"너는 오랫동안 나에게 봉사를 잘해 주었고 내가 오랫동안 너를 깔고 잤어. 왜 뱀이 나를 죽이려고 하는지 말해 줘."

이부자리가 대답했다.

"그래! 나는 오랫동안 네 이부자리였어. 그런데 닳아서 못쓰게 되자 너는 나를 내버렸어. 나를 사람들 눈에 띄지 않는 곳에 두고 가 버렸어. 그래서 너는 죽게 될 거야!"

남자가 말했다.

"다른 데로 가 보자!"

남자와 뱀은 다시 출발했다. 길에 거의 죽어 가는 늙은 개가 앉아 있었다. 개에게 다가가서 남자가 물었다.

"왜 뱀이 나를 죽이려고 하지?"

"나는 오랫동안 너와 사냥을 다녔어. 흑담비를 찾아 주었고 다람쥐를 향해 짖어 댔고 사슴을 많이 잡도록 해 주었어. 그런데 내가 나이가 드니까 너는 나에게 밥도 주지 않고 내버렸어. 그래서 너는 죽는 거야!"

남자는 개의 말을 들은 후 계속 걸었다. 얼마를 걸었을까 길에서 여우를 만났다. 남자가 여우에게 물었다.

"왜 뱀이 나를 죽이려는 걸까?"

"무슨 일이 있었는지 말해 보세요."

남자가 그동안의 일을 말해 주었다. 여우가 좀 생각한 후 말했다.

"지금 집으로 가세요. 단, 먼저 알아 두셔야 할 게 있어요. 낡아서 못쓰게 된 물건을 버리지 말고 습기가 없는 건조한 곳에 잘 넣거나 걸어 두세요. 나이 든 동물을 내다 버리지 마세요. 아예 죽여서 어디든 습기가 없는 곳에 잘 묻어 주세요."

여우의 말을 들은 남자는 다시 오던 길로 갔다. 이부자리를 집어 나무 밑 습기가 없는 곳에 놓았다. 늙은 개를 데리고 가서 죽을 때까지 잘 먹였다.

이제 너희도 명심해. 무슨 물건이든지 낡아서 못쓰게 되거든 버리지 말고 습기가 없는 곳에 잘 넣어 두어라.

메르겐[7]과 두 마리 뱀

옛날 옛적에 이 땅에 칼로 절대로 죽일 수 없는 메르겐이 살고 있었다. 그는 여기저기 돌아다니며 마치 두 사람인 것처럼 행동했다. 낮에는 사냥을 하고 밤에는 잠을 잤다. 한번은 잠에서 깼는데 뭔가 파랗고 큰 것이 누워 있는 것이 보였다. 뱀이었다. 메르겐이 말했다.

"바로 여기에서 너는 죽게 될 거야!"

뱀이 대답했다.

"칼로 도저히 죽일 수 없는 용사님인 당신에게 제가 이렇게 온 이유가 있어요! 제 친구가 제 아내를 훔쳤어요. 그도 역시 뱀이에요. 저는 친구를 이길 수 없어요! 그래서 당신에게 온 거예요! 함께 싸워요. 저는 푸른색이고 제 친구는 노란색이에요. 제가 누워 있을 테니 당신이 녀석의 이마를 겨냥해서 쏘세요. 당신이 정확히 맞히면 제가 이기는 거예요! 제 위에 올라타세요!"

메르겐은 뱀 위에 올라탔다. 둘은 출발했다.

뱀이 말했다.

---

7) 튀르크어로 솜씨 좋은 사냥꾼을 뜻하는 남자 이름.

"엎드리세요!"

메르겐은 엎드렸다. 조금 지나자 뱀 한 마리가 왔다. 두 마리 뱀이 누워 있었다. 메르겐이 탄 뱀은 파란색이었고 다른 뱀은 노란색이었다. 메르겐은 노란 뱀의 이마 정 가운데를 향해 화살을 쏘았다. 파란 뱀이 노란 뱀을 세 번 휘감아 죽였다. 파란 뱀이 승리를 거두게 되었다. 파란 뱀은 노란 뱀을 이긴 후 아내를 찾았고 노란 뱀의 이마에서 나온 무언가 하얀 것을 메르겐에게 주었다. 메르겐은 그 하얀 물건을 가지고 갔다. 메르겐은 그 후 부자로 잘 살았고 병에 걸리지 않았다고 전해진다.

파란 뱀이 메르겐에게 말했다.

"마을에 한 여자아이가 태어날 겁니다! 그 여자아이가 당신의 아내가 될 겁니다!"

메르겐이 잘 사는 동안 여자아이는 성장했다. 메르겐은 여자아이를 아내로 삼았고 부자가 되었다.

아이굴

산꼭대기에 나이 많은 부자가 살았다. 부자는 사슴을 많이 가지고 있었다. 그러나 그의 가장 소중한 것은 어린 딸 아이굴이었다. 딸은 아주 예뻤다.

아버지는 딸을 아주 사랑했고 어디에도 딸을 내보내지 않았다. 그래서 아이굴은 사람들을 한 번도 본 적이 없었다. 그녀는 사향고양이 못지않게 산을 뛰어다녔고 아주 가파르고 험준한 바위를 기어올랐고 어떤 짐승이나 새도 활로 정확히 쏘았다. 사슴을 타고 다녔으며 사슴은 그녀를 잘 이해하고 따랐다. 아이굴은 아무 슬픔을 모른 채 성장했다. 눈과 번개에 둘러싸인 우리의 위대한 타이가처럼 그렇게 강하게 성장했다.

늙은 아버지는 준엄하고 폐쇄적이었지만 딸의 낭랑한 웃음소리와 은방울이 구르는 것 같은 목소리와 아름다운 노랫소리를 들으면 얼굴은 유순해졌고 두 눈은 항상 미소를 머금은 채 움찔거렸다. 그녀의 노랫소리는 떠오르는 꽃봉오리가 태양과 함께 터지다 저녁노을과 함께 닫힐 때까지 계속 울려 퍼졌다.

아이굴은 새로운 노래로 매일을 새롭게 시작했다. 아이

굴의 노래는 처음에는 조용하게 울리다가 점점 커져 마법의 곡조로 드넓은 공간을 꽉 채웠다. 산과 늙은 아버지 같은 오래된 굵은 삼나무들이 아이굴의 노래를 들었다. 소나무들과 낙엽송들은 행여 나뭇잎이 흔들릴까 두려워하며 서 있었고 콧대 높은 사슴들은 아름다운 아이굴의 노랫소리가 나는 쪽으로 머리를 돌린 채 꼼짝도 하지 않았다. 심지어 시냇물의 졸졸거리는 소리도 멈추었고 물살이 센 강도 흐름을 멈추었다.

그렇게 아이굴은 사랑의 기쁨, 이별의 슬픔 같은 인간 세상의 희로애락을 알지 못한 채 그렇게 늙을 수도 있었을 것이다. 그러나 한 사건이 그녀의 삶을 완전히 바꿔 버렸다.

하루는 아이굴의 아버지에게 한 남자가 찾아왔다. 그는 골짜기에 사는 젊은 사냥꾼이었다. 사냥꾼은 값나가는 흑담비 가죽을 아이굴 아버지에게 가져와서 통통한 사슴과 바꾸자고 했다. 노인은 집에 앉아 긴 담뱃대를 들이마시며 잠자코 사냥꾼이 자신의 발밑에 놓은 가죽들을 바라보았다. 흡족한지 아닌지 자신도 잘 몰랐다.

그런데 현관에 서 있던 어여쁜 아이굴은 온몸이 굳어 버렸다. 그녀는 자신의 빛나는 검은 눈동자로 넓은 어깨에 건장하고 잘빠진 체격에, 눈부신 미소를 띠고 있는 까무잡잡한 얼굴에 새까만 눈썹의 아주 잘생긴 청년을 바라보았다.

아이굴 앞에 진짜 용사가 서 있었던 것이다. 두말할 것 없이 그녀는 그에게 한눈에 반했다. 이 젊은 손님 역시 장님이 아니었다. 그는 많은 미인들을 보았지만 아이굴처럼 아름다운 여인은 이 세상에서 처음 보았다. 그 순간부터 아이굴은 사랑의 노래만을 불렀다. 젊은 사냥꾼도 아이굴만을 생각했다. 청년은 노인 집에서 하루를 묵고 다음 날 아침 사슴 몇 마리를 데리고 자기가 사는 골짜기로 향했다. 그는 노인에게 딸을 달라고 간청을 했으나 아무리 간청을 해도 노인은 완고했다. 노인은 아무 말도 들으려 하지 않고 아이굴을 집요하게 감시했다.

청년이 떠난 지 오래되었다. 혼자 남은 아이굴은 슬픔에 잠겼다. 그녀는 인간에 대한 연민과 골짜기에서 온 용감한 청년에 대한 노래를 불렀다. 노인은 딸을 말릴 수 없었다. 아이굴은 야생의 짐승들이 나타나는 길을 따라 도망쳤다. 그러나 완고한 아버지는 딸을 따라가서 잡아 집으로 데려왔다. 아이굴은 오랫동안 슬픔에 잠겼다. 아이굴의 두 눈에 눈물이 마를 날이 없었다. 그녀의 슬픈 노래를 듣고 새들과 짐승들도 울었다.

아마 너희도 사슴의 슬픈 눈을 보았을 거다. 불행한 아이굴에 대한 연민으로 사슴의 눈이 그렇게 되었다. 산꼭대기에 호수가 하나 있다. 호수의 물은 눈물처럼 차갑고 깨끗하다. 높은 바위 위에서 아이굴이 호수로 뛰어내렸고 고약하고 냉혹한 아버지는 물속에서 딸을 건지려고 딸의 뒤를 따라 뛰어내렸다고 한다.

아버지가 아이굴을 따라가서 거의 잡으려는 순간 아이굴은 바닷새로 변해 버렸다. 그리고 '아이굴 호수'라고 불리는 아름다운 호수에 살고 있다. 늙은 아버지는 비통함으로 몸이 굳어 바위로 변해 버렸다. 바위는 지금 호수 위에 서 있다. 물속의 딸을 찾고 있으나 바닷새로 변한 딸을 알아보지 못하고 노인의 눈물은 갈라진 돌 틈을 따라 흐르고 있다. 할아버지와 할머니들은 사얀의 상류 지방에 사는 가가라 새에 대해 이렇게 말한다.

"이 호수 주변에서 낮이고 밤이고 새가 웃고 운다. 아이굴의 목소리로 노래를 부른다."

낙타와 토끼

토팔라르 땅의 알리그제르에서 멀지 않은 곳에 낙타 산 테베 소야가 있다. 그 산에 관해 다음과 같은 이야기가 전해 온다.

낙타가 드넓은 초원을 떠나 사얀 산에 도착했다. 낙타는 끈기가 있고 빨리 달리고 여행하는 것을 좋아했다. 낙타는 오랫동안 걷다가 멈췄다. 타이가에서는 빨리 어두워지고 금세 밤이 되었다. 그러나 낙타는 잠을 자려고 눕지 않았다. 무언가를 기다렸고 유심히 관찰했다. 산토끼가 먹이를 찾아 나왔다. 다람쥐보다 크지 않은 작은 짐승이었다. 토끼는 자기 앞에 옆 산을 닮은 거대한 짐승이 서 있는 것을 보았다. 토끼가 물었다.

"무엇을 보려고 잠을 자지 않고 있는 거예요?"

"태양이 뜨는 것을 지켜보려고."

"보지 못할 거예요. 제가 먼저 태양을 볼 거예요."

낙타는 머리를 들었다.

"너는 너무 작아. 풀에 앉아 있으면 아무에게도 보이지 않아. 그런데 나는 키가 크고 몸집이 커. 내가 너보다 먼저 태양을 볼 거야."

그렇게 논쟁을 한 후 낙타와 토끼는 태양이 뜨기를 기다렸다. 누가 먼저 태양을 보게 될 것인가? 낙타는 서쪽을 보고 토끼는 동쪽을 보았다. 토끼는 코크 테게르 산의 정상을 바라보았다. 산은 떠오르는 태양 빛으로 밝게 빛나기 시작했다. 토끼가 기뻐서 소리쳤다.

"내가 먼저 태양을 봤어!"

낙타는 천천히 머리를 돌렸다. 코크 테게르 산에서 태양이 떠오르는 것이 보였다. 분노와 수치심으로 낙타는 발로 토끼를 걷어찼다. 그런데 빗나가서 토끼의 목을 살짝 스치기만 했다. 그때부터 토끼의 머리는 위로 향하게 되었고 눈은 하늘을 바라보게 되었다.

꿩과 모기와 사슴

하루는 꿩과 모기와 사슴이 만났다. 치근거리고 귀찮게 구는 모기는 꿩과 사슴에게 자신의 속마음을 솔직하게 털어놓기로 결심했다. 모기는 꿩에게 아무 거리낌 없이 말했다.

"너의 부드럽고 약한 어린 새가 알을 깨고 나오기만 하면 내가 피를 빨아 먹을 거야."

민첩한 꿩은 길고 뾰족한 부리로 나뭇가지를 쪼며 모기에게 무섭게 화를 냈다.

"그렇게 할 수는 없을 거야. 내 어린 새끼들은 이미 4월이면 날아다니게 될 텐데 그때 너는 눈 속에 있을 거잖아."

모기는 성이 나서 사슴에게 다가갔다. 모기가 사슴에게 말했다.

"너에게 부드럽고 촉촉한 뿔이 자라면 내가 그 뿔에서 피를 빨아 먹을 거야."

사슴은 마치 벌에 쏘인 것처럼 몸을 온통 웅크렸다. 사슴은 아름답고 가느다란 다리를 쭉 펴고 귀를 쫑긋 올리고 투덜거렸다.

"아니야. 그런 일은 없을 거야. 2월이면 새 뿔이 자라기 시작해서 5월쯤이면 이미 강철처럼 단단해지니까. 그때 너는 완전히 약해져서 피를 빨 수 없게 될 거야."

그 후 모기는 영원히 만족하지 못한 채 윙윙거리며 날아다니게 되었다.

닭과 들꿩의 눈이 빨간 이유

토팔라르인들이 사는 변방 땅은 예전에는 따뜻했다. 그곳 사람들은 추위를 알지 못했다. 주위에는 풀과 나무가 무성했고 꽃들이 만발했다. 동물과 새도 아주 다양하고 많았다. 거위, 오리, 닭, 들꿩 들은 함께 날아다녔고 가끔 어디든 한 곳에 모여 사이좋게 시간을 보내곤 했다.

거위와 오리는 강과 호숫가에 살며 헤엄을 치고 나뭇잎과 연근, 어린 물고기, 해초, 풀을 먹고 살았다. 닭과 들꿩은 숲 가까이 살며 열매, 도토리, 소나무와 삼나무 열매를 먹었다. 그런데 갑자기 추위가 닥쳤다. 눈이 소복이 내렸고 산과 계곡, 숲이 하얘졌다. 오리와 거위는 걱정스러웠다.

"따뜻한 나라로 날아가야겠어."

닭과 들꿩이 한목소리로 외쳤다.

"우리도 너희들과 함께 갈래!"

거위와 오리가 그들에게 물었다.

"쉬지 않고 멀리 날아갈 수 있겠어?"

"한번 해 볼게."

거위와 오리는 강하고 큰 새들이다. 날개는 강하고 눈은 매서워서 멀리 볼 수 있다. 거위와 오리는 날아갈 준비를 했다. 밤마다 숲과 호수 주위를 날아 보고 힘을 시험해 보았다. 날개를 단단히 만들고 지형을 연구했다. 그런데 닭과 들꿩은 살지고 몸이 무거운 새들이다. 날개는 작고 게다가 밤에 날지 못하고 볼 수도 없다.

떠날 때가 되었다. 거위와 오리는 어두워지자 날아올라 남쪽으로 출발했다. 그런데 옆에 있어야 할 닭과 들꿩이 없었다. 도대체 닭과 들꿩은 어디에 있지? 거위와 오리는 되돌아와야만 했다. 거위와 오리가 닭과 들꿩에게 말했다.

"빨리 준비해. 남쪽으로 날아가자."

닭과 들꿩이 대답했다.

"우리는 밤에는 날 수가 없어."

어떻게 해야 하나? 시간은 가고 서둘러야만 했다. 거위와 오리가 말했다.

"할 수 없다. 너희는 여기 남아 있어. 갈 길이 너무 멀어. 밤에도 날아야만 하는데 너희는 시력이 좋지 않으니."

그렇게 거위와 오리는 남쪽으로 떠났고 닭과 들꿩은 남게 되었다. 닭과 들꿩은 엄청 울었다. 그래서 닭과 들꿩의 눈이 빨개진 것이다.

개미와 나리새

여름이 거의 끝나 갈 무렵이었다. 아침에는 이미 선선했다. 그러나 아직은 따뜻했다. 숲의 계곡에서 개미와 나리새가 마주쳤다. 개미가 나리새에게 물었다.

"어떻게 지내니? 여름은 어떻게 보냈어?"

"잘 지내고 있어. 걱정 근심이 없어. 여름을 즐겁게 보냈고 만두라[8]를 치며 놀았어. 너는 어떻게 보냈어?"

"나는 여름 내내 일만 했어. 겨울을 날 집을 지었고 식량을 준비했어."

겨울이 왔다. 근면한 개미는 따뜻한 집에서 아무 걱정 없이 살았다. 봄이 되자 개미는 밖으로 나왔다. 힘이 넘치고 기쁜 모습이었다. 그런데 다리와 날개가 잘린 나리새가 언 채로 숲에 누워 있었다. 빈 알 껍데기 하나가 나와 있었다. 개미가 오랫동안 서서 그것을 지켜보고 놀라워했다. 개미는 생각했다.

'나리새의 삶은 얼마나 쉽고 무사태평한가. 가을까지 알을 낳고는 자신은 죽으니.'

---

8) 아코디언류의 악기.

토팔라르인들은 개미를 아주 칭송한다. 개미를 '세예첸'이라 부른다. 유익하고 영리한 곤충이란 뜻이다. 그래서 절대로 개미집을 건드리지 않는다.

구원의 불

옛날 옛적에 귀신이 살았다. 귀신은 인간이 참 부러웠다. 인간이 불 옆에 앉아 몸을 따뜻하게 데우고 맛있는 음식을 먹으며 항상 따뜻하게 지내는 것이 좋아 보였다. 귀신은 인간에게 샘이 났다. 인간에게서 불을 뺏을 궁리를 했다. 귀신은 불로 다가갔으나 불을 가져올 수 없었다. 아무리 귀신일지라도 불이 무서웠고 인간보다도 더 무서웠다.

봄이 되자 나방이 나타났다. 아주 작고 가볍고 예쁜 나방이 여기저기 날아다녔다. 나방은 겉모습은 예쁘지만 사람에게는 해롭다. 대부분의 식물을 해치고 꽃과 나무에 해를 입힌다. 바로 그 나방이 귀신의 눈에 들어왔다. 귀신은 나방에게 인간에게 가서 불을 훔쳐 오라고 부탁했다. 나방에겐 어떤 일이건 나쁜 일을 하는 건 매한가지였다. 나방은 승낙했다. 나방이 조용히 몰래 인간에게 다가가서 불을 막 가져오려는 찰나 인간에게 들켰다. 인간이 말했다.

"거기 서! 거기 서!"

인간은 그 자리에서 나방을 잡았다. 인간은 생각했다.

'어떻게 이럴 수가 있나? 얼마나 힘들게 내가 불을 얻었는데 갑자기 불을 가져가려 하다니.'

인간은 화가 났지만 나방을 죽이지 않았다. 그 대신 귀신과 말을 하지 못하도록 나방의 혀를 잘라 버렸다. 인간은 앉아서 다시 생각에 잠겼다.

'이제 누구에게도 불을 주지 않을 거야. 불은 태양과 같아. 불에는 내 생명과 구원이 있어. 불을 절대로 잃지 않을 거야.'

나방이 귀신에게 날아왔다. 그러나 혀를 잘려 말을 할 수 없었다. 귀신이 계속 묻고 또 물어도 나방은 침묵할 수밖에 없었다. 귀신은 또다시 나방을 인간에게 보냈다. 나방은 다시 인간에게 다가가서 불 주위를 맴돌다 결국 불 속에 떨어졌다.

토팔라르인들은 나방이 불로 날아들면 귀신과 연관되었다고 말한다.

소년과 이무기

어느 집에 소년이 살았다. 소년은 혼자 숲을 돌아다녔다. 소년의 엄마가 말했다.

"아들아! 길을 잃지 않도록 주의해라."

"네. 길을 잃지 않을게요. 길을 잘 아는걸요."

"얘야! 타이가 숲은 크니 아주 조심해야 한다."

"알았어요, 엄마! 알았어요."

어른들은 일하러 나갔고 소년은 집 근처에서 놀다가 멀리 숲 속으로 들어가게 되었다. 소년은 계속 걸었는데 갑자기 해가 다른 쪽에서 빛나는 것 같았다. 소년은 이리저리 가보았으나 집이 보이지 않았다. 나무들은 다 비슷해 보였다. 그제야 소년은 자신이 길을 잃었다는 것을 알게 되었다. 소년은 오래 걸었다. 피곤해서 나뭇가지에 걸터앉았다. 좀 쉬다 다시 걷기 시작했다. 어디로 가는지 자신도 알지 못했다. 앞에 큰 바위가 나타났다. 바위 아래에는 깊은 동굴이 있었다. 소년은 동굴을 둘러보고는 만일 큰일이 생기면 이리 와야겠다고 생각했다. 소년은 집을 찾기 위해 계속 앞으로 걸었다. 시간이 오래 지났다. 주변에는 온통 수풀과 돌뿐이었다. 실제로 큰일이 생겼다. 소년은 동굴이 생각났고 그래서 다시 오던 길로 되돌아갔다. 동굴은 크고 어두웠다. 소년은 나뭇가지를 주워 모으고 이끼를 찾아서 잠자리를 만들었다. 그리고 홀로 앉아 이런저런 생각에 잠겼다. 부모님은 애통해하실 거고 아마도 자신을 잃어버렸다고 생각하고 찾아다니실 거라는 생각이 들었다.

갑자기 누군가 오는 소리가 들렸다. 여우였다. 쥐를 잡으려고 오는 것이 틀림없었다. 소년은 웬일인지 힘이 났다. 소년은 노래를 부르기 시작했다. 자신의 작은 고향과 친구들에 대해 크고 아름답게 노래를 불렀다. 여우는 멈춰서 소년의 아름다운 노래를 듣고는 되돌아갔다. 다음 날 역시 소년의 바로 옆에서 소리가 나기 시작했고 누군가 오는 소리가 들렸다. 또 그 여우였다. 이번에는 혼자가 아니라 늑대와 같이 오고 있었다. 소년은 역시 힘이 생겼고 노래를 부르기 시작했다. 여우와 늑대는 멈추더니 어린 명창의 노래를 듣고 되돌아갔다.

사흘째 되는 날 다시금 누군가의 발자국 소리가 들렸다. 여우, 늑대, 곰이 다가오고 있었다. 소년은 재앙을 피하지 말고 맞닥뜨려야 한다는 생각이 들었다. 소년은 힘이 생겼다. 그리고 고향의 노래를 부르기 시작했다. 여우, 늑대, 곰은 멈추어 서서 젊고 용감한 명창의 노래를 듣고 그에게 경의를 표하고는 되돌아갔다. 다시 평온해졌다.

어느 날 밤 소년은 잠을 자다 누군가 그에게 다가오는 소리를 들었다. 그는 잠에서 깨 소리쳤다.

"엄마! 아빠!"

누구도 그의 목소리에 응답하지 않았다. 스르륵거리는 소리가 점점 더 가까이 들렸다. 아무것도 보이지 않았다. 주위는 어두웠다. 소년은 자신의 애창곡을 부르기 시작했다. 그러자 동굴 안이 대낮처럼 환해졌다. 소년은 옆에 이무기가 있는 것을 보았다. 마치 밧줄처럼 긴 뱀이었다. 무서워서 말도 나오지 않았다. 당시 우리 땅은 따뜻했고 오랫동안 겨울이 없었다. 그래서 사얀 산에는 아주 거대한 뱀들이 나타났다. 뱀들은 거위와 양, 심지어 멧돼지까지 그 날카로운 송곳니로 삼켰다.

처음에 소년은 겁이 났지만 나중에 두 손을 꼭 잡으며 정신을 차렸다. 소년은 타이가 숲은 약한 사람을 용서하지 않는다는 것을 잘 알고 있었다. 타이가의 주인은 오로지 강하고 용감해야 한다. 할아버지가 그렇게 말했다. 소년은 노래를 불렀다. 그의 노래는 마치 횃불처럼 동굴을 환하게 비췄다. 그러나 뱀은 떠나지 않고 그대로 서서 소년을 바라보았다. 소년은 출구로 걸어갔다. 뱀이 미끄러지듯 그의 뒤를 따라갔다. 소년이 바닥에서 돌 두 개를 주워 뱀을 향해 던졌다. 뱀은 소리를 지르며 소년에게 덤벼들었다. 소년은 다시 돌을 주워 뱀의 머리를 향해 던졌다. 뱀은 죽었다. 소년의 노래로 인해 동굴이 환해지지 않았다면 뱀은 소년을 삼켰을 것이다.

사슴을 탄 사람들이 동굴로 다가왔다. 아주 많은 사람들이었다. 마을 사람들이 모두 소년을 찾아 동굴까지 왔다. 아버지와 어머니는 아들을 보고 눈물을 흘렸고 아들을 껴안았다. 소년은 아무 일도 없었던 듯 부모님에게 자신이 혼자서 죽인 뱀을 보여 주었다. 사람들은 소년을 칭찬하고 소년에게 감사를 표했다. 그 후 토팔라르인들이 사는 땅에는 이무기가 나타나지 않게 되었다.

사냥꾼이 귀신을 벌준 이야기

어느 날 사냥꾼의 집으로 아자[9]가 찾아왔다. 아자는 여주인이 아궁이 옆에서 분주히 일하는 것을 보았다. 아자가 물었다.

"네 아들은 어디에 있니? 그 아이를 먹어야만 하는데…."

여주인은 놀랐다. 옆에는 아무도 없었다. 남편과 아들은 사냥을 나갔다 곧 돌아올 시간이었다. 아자는 그것을 알고 조금 있다 다시 와서 아들을 잡아먹을 거라고 여주인에게 말하고는 바로 사라졌다. 여자는 슬피 울기 시작했다.

선량한 정령인 산의 주인 다크 예예지가 자신의 영민한 통찰력으로 젊은 사냥꾼의 어머니의 슬픔에 대해 알게 되었다. 그는 항상 인간을 도와주고 인간에게 좋은 일이 생기기를 바랐다. 그래서 그는 자신을 도와주는 부굴다이를 여자의 남편에게 보내 불행을 알렸다. 부굴다이는 잽싼 조랑말로 변해 바람보다 더 빨리 산과 계곡을 넘어 타이가 숲에서 아버지와 아들을 찾아냈다. 아버지와 아들은 집으로 돌아오는 길이었다. 두 사람은 집에서 일어난 불행에 대해 듣고

---

9) 토팔라르 전통 신앙에서 지하세계에 사는 귀신.

는 서두르기 시작했다. 아들은 자신과 아버지가 귀신과 대항하기 어렵다고 생각했다. 그래서 만일을 대비해 늙은 아버지를 옆 동네에 도움을 구하러 보냈다. 아들은 혼자서도 귀신을 속일 수 있을 거라고 아버지를 안심시켰다.

어머니는 집에 있지 못하고 옆집으로 도망갔다. 무시무시한 아자는 빈 솥단지 옆에 앉아서 배가 고파 꼬르륵거리며 먹잇감을 기다리고 있었다. 귀신은 젊은 청년을 보더니 기뻐했다. 그리고 빨리 솥단지로 기어 들어가라고 명령했다. 그러나 청년은 당황하지 않았다. 청년은 속으로 생각했다.

'대수롭지 않아! 살아 있는 곰도 무서워하지 않는데 뭘!'

청년은 귀신에게 고분고분하게 말했다.

"오! 경애하는 아자! 보시다시피 솥은 작고 저는 커요. 솥에 들어갈 수가 없어요. 제가 알기에는 당신들 귀신들만이 몸의 크기를 줄일 수 있잖아요. 그러니 만일 당신이 어떻게 몸을 줄이는지 보여 주면 저도 어떻게든 그대로 해 볼 수 있을 것 같아요."

아자는 솥으로 어떻게 기어 들어가는지를 청년에게 보여 주기로 결심했다. 아자는 재빨리 꼬리를 돌렸다. 그러자 몸이 고양이만큼 작아졌다. 아자는 발바닥을 오므리고 솥으로 뛰어 들어갔다. 청년은 바로 무거운 솥뚜껑을 덮었다.

그리고 순식간에 집에서 활과 화살을 가지고 왔다. 마을에서 멀지 않은 나무에 올라가서 기다리기 시작했다. 아자가 나무 밑에 모습을 나타내자마자 청년은 활을 당겼다. 첫 번째 화살로 귀신의 꼬리를 나무에 박았고 두 번째 화살은 귀신의 앞발을 관통해서 굵은 나뭇가지에 박아 놓았고 세 번째 화살은 뒷발에 맞았다. 아자는 고통으로 신음했지만 빠져나올 수 없었다. 젊은 사냥꾼은 조용히 나무에서 내려와 아버지와 동료들에게로 갔다. 청년은 아버지에게 마치 귀신에게 말하듯 말했다.

"잠시 여기 앉아서 기다리세요. 서두를 필요 없어요."

집에는 사람들이 이미 모였다. 어머니는 너무 기뻐서 아들을 어디에 앉히고 무엇을 먹여야 할지 몰라 허둥댔다. 옛날 사냥꾼들의 풍습에 의하면 자신의 감정과 호기심을 참지 못하고 큰 소리로 묻는 것은 좋은 모습이 아니었다. 사람들은 깊고 고요한 침묵 속에 앉아 있었다. 사람들은 서두르지 않고 사슴의 고기로 만든 국을 먹었다. 각자에게 따뜻한 사슴 피 한 사발이 돌아갔다. 아버지는 사슴 가죽으로 만든 자신의 외투 자락으로 입술을 문질렀다. 아버지는 식사를 마치고 난 후에야 비로소 아들에게 어떻게 아자와 싸웠고 어떻게 싸움이 끝났는지 물었다.

"아자가 마을 근처에서 우리를 기다리고 있었어요. 제가 화살로 아자의 발과 꼬리를 나무에 붙들어서 매 놓았어요."

모두 그 자리에서 일어나 여주인에게 음식을 대접해 주어 고맙다고 인사를 하고 사이좋게 아자가 매여 있는 곳으로 이동했다. 청년의 아버지가 묶여 있는 귀신을 보고 속으로 생각했다.

'이건 산의 주인인 다크 예예지가 돕는 것이 분명해. 그렇지 않다면 저 추악한 귀신이 벌써 도망갔을 거야.'

그러나 아들의 생각은 전혀 달랐다. 그는 귀신을 두려워할 필요가 없다고 생각했다. 아자는 사냥꾼들을 보고 몸부림치기 시작했다. 그의 간계도 이제 끝이라는 것을 알게 되었다. 아버지 사냥꾼이 말했다.

"이제 너는 인간이 너보다 강하다는 것을 알게 되었을 거다. 그러니 여기를 떠나 다시는 돌아오지 말고 사람들에게 나쁜 일을 다시는 하지 마라."

아버지는 할아버지 때부터 곰을 사냥할 때 가지고 다니던 사냥칼을 꺼냈다. 그리고 동료들을 바라보았다. 동료들은 잠자코 그에게 고개를 끄덕이고 활시위에 화살을 메겼다. 노인은 칼을 들어 세 번 휘둘러 아들이 쏜 화살에 묶여 있던 아자의 발과 꼬리를 내리쳤다. 귀신은 통곡을 하며 허공으로 날아올랐다. 사냥꾼이 쏜 화살들이 소리를 내며 숲을 울렸다. 화살 몇 대가 귀신의 엉덩이에 맞았다. 귀신은 화살에서 빠져나온 깃털과 함께 꼬리 밑부분을 움켜쥐고 내뺐다. 그가 사라지자 젊은 사냥꾼, 늙은 사냥꾼들의 웃음소리가 뒤따라 울려 퍼졌다.

귀신은 오랫동안 숲을 불안하게 했으나 그때부터 누구도 아자를 무서워하지 않게 되었고 누구도 아자를 보지 못하게 되었다. 다만 여름 가옥이 세워져 있고 사슴을 방목하는 산의 이름이 '귀신 산'이라는 것으로만 귀신에 대한 기억이 남아 있다.

돌이 된 샤먼

우다 강 상류 왼쪽 강가에 냔다르마라는 큰 하천이 있다. 그 주변에는 사슴들과 다양한 짐승이 많이 서식하고 있다. 그 하천가에 예전에 한 여자 샤먼이 아이 셋과 함께 사슴을 치며 유목을 했다. 어느 날 갑자기 강한 바람이 불었다. 오랫동안 분 바람으로 인해 모든 것이 날아갔고 사슴들이 다 얼어 죽었다. 그러자 샤먼은 북을 들고 아이들과 함께 우다 계곡으로 달아났다. 바람이 너무 강하게 불어 샤먼은 그만 아이들을 잃어버렸다. 아이들은 냔다르마의 오른쪽 강가에서 얼어 죽었다. 샤먼도 가는 도중 벙어리장갑을 떨어뜨렸고 결국 냔다르마의 왼쪽 강가에서 얼어 죽었다. 사슴들과 아이들, 벙어리장갑, 샤먼은 모두 돌이 되었다. 그 돌들은 지금도 거기에 있다. 사람들은 샤먼에게 옛날 토팔라르인들이 쓰던 모자를 씌워 주었고 옆구리에는 부싯돌을, 허리에는 북을 걸어 주었다. 샤먼은 천막 정도의 키에 가슴은 풍만하다. 예전에 토팔라르인들의 수가 많았을 때는 샤먼들이 사람들에게 선한 일을 많이 했다. 현재 샤먼은 사악한 일을 많이 한다.

해 설

토팔라르족은 동시베리아 이르쿠츠크 주의 토팔라리야 지역에 거주하는 토착 원주민으로 시베리아에서 인구가 가장 적은 소수민족 중 하나다. 2010년 조사에 의하면 762명이 현존하고 있는 것으로 밝혀졌다. 동튀르크어족의 사얀 어군에 속하는 토팔라르어를 모국어로 사용한다. 최근 유치원과 초등학교에서의 모국어 교육, 토팔라르어로 된 서적 발간 등 자국 문화와 민속을 보호하려는 노력을 기울이지만 전통문화가 거의 사라질 위험에 처해 있다. 현재 대부분의 토팔라르인들은 알리그제르, 네르하, 베르흐냐야 구타라 마을에서 정착 생활을 하고 있다.

토팔라르라는 명칭은 1930년부터 새롭게 붙여진 이름인데 토팔라르어로 '사람'이란 뜻의 '토파'에서 비롯되었다. 그 이전에는 토템적 성격을 띠는 '검은 거위'라는 뜻의 '카라가스'로 불렸다.

토팔라르족에 관해서는 5세기 중국 문헌에 예니세이 강 동쪽에 사는 민족으로 아시아의 여러 중앙 집권 왕국에 조공을 바치는 것으로 언급된 것이 최초다.

토팔라르인들은 사냥과 사슴 목축을 생업으로 삼으며 1920년대까지 사얀 산지의 타이가에서 유목 생활을 했다. 비록 가장 적은 인구의 소수민족임에도 척박한 산지와 타이가에서 혹독한 자연과 대항하며 생활을 영위한, 사얀 지방에서 가장 오랜 역사를 지닌 민족인 만큼 독특하고 다양한 유형, 무형의 문화유산을 지니고 있다. 그중 하나가 토팔라르 설화다. 세대를 이어 입에서 입으로 전승된 작품들은 오랜 기간 묻혀 있던 탓에 연구가들에게조차 생소한 영역이었다. 토팔라르인들의 풍부한 구비 전승 작품들이 알려지게 된 계기는 1890년 튀르크 연구가인 카타노프가 사얀 지방을 답사하며 토팔라르 구연자를 통해 직접 채록한 일이다. 그 후 20세기 들어 재채록과 번역을 통해 토팔라르 설화는 일반에게 알려지게 되었다.

토팔라르인은 정령 숭배, 샤머니즘의 전통 신앙을 간직하고 있다. 다른 시베리아 민족들처럼 샤먼은 인간과 천상과 지하세계의 초자연적인 영혼을 중재하는 능력을 가진 존재로 각각의 마을에는 자신의 샤먼이 있다. 샤먼의 임무는 인간과 가축의 질병을 치료하고 실종된 이들을 찾고 미래를 예견하는 것이다. 샤먼은 한밤중에 원추형 천막인 '춤'의 구석에 서서 의식을 거행한다.

토팔라르인은 다른 시베리아 소수민족과 마찬가지로 세

상의 모든 것을 선과 악, 밝음과 어두움, 백과 흑, 해가 뜨는 동쪽과 해가 지는 서쪽 등의 이분화된 세계관 속에서 파악한다. 천상의 신 부르한은 선을 대표하는 전지전능한 존재로 인간과 다른 만물을 창조했고 지하세계의 아자한은 악을 대표하고 항상 부르한의 선한 행동을 방해하는 존재로 인식된다.

토팔라르인은 동물담과 마법담 등 아주 풍부한 설화를 보유하고 있는데 특히 전설에는 동굴이나 바위에 대한 숭배 흔적이 나타난다. 그들의 믿음에 따르면 가장 높은 산의 정상에 금이나 다른 보물로 가득 찬 동굴이 있는데 거기에 산의 주인 신이 살고 있다. 그 동굴에 간다는 것은 불가능한 일로 아주 드물게 용감한 주인공이 산의 절반쯤 올라가더라도 눈보라나 비바람, 천둥, 번개 등으로 도달할 수 없다. 죽지 않더라도 돌아갈 수 없다. 민담 속 주인공이 아들의 병을 낫게 하는 등의 과제를 해결하기 위해 동굴이나 바위 속에서 중요한 것을 찾아와야 하는 여정이 이런 신성한 것에 대한 경외심에서 비롯된 것으로 여겨진다.

토팔라르인의 동물담 속에서 우리는 우세한 힘과 우월한 지혜로 목적을 달성하는 약육강식의 자연의 논리가 아니라 타이가의 울창한 숲과 험한 산지에 사는 크고 작은 동물들이 대결과 경쟁보다는 서로 조화롭게 어울려 상생하고 자연에 순응하는 쪽으로 동화되는 유래를 통해 삶의 교훈을 얻게 된다.

옮긴이에 대해

이경희는 한국외국어대학교 노어과를 졸업하고, 러시아과학아카데미 언어학연구소에서 의미통사론 분야로 박사학위를 받았으며, 현재 한국외국어대학교 등에서 강의하고 있다. 논문으로 <포스트소비에트 여성문학의 어휘분석>, <러시아 과학환상소설에 나타나는 신어 연구>, <어휘-통사 층위에 나타나는 언어문화적 변이> 등이 있으며, 역서로 ≪러시아 여성의 눈≫(공역), ≪러시아 추리작가 10인 단편선≫(공역), ≪북아시아 설화집 5(알타이족)≫ 등이 있다.

시베리아 설화집 전체 작품 목록

한국에 처음 소개되는 시베리아 설화다. 시베리아와 극동 제 민족의 설화를 연구하는 연구자들뿐만 아니라 평소에 시베리아의 신화, 전설, 민담에 관심을 가진 독자들에게 유용할 것이다. 총 43개 부족의 1017편 이야기다.

야쿠트인 이야기

곰과 여우
오리와 검독수리
누가 일출을 처음으로 보는가
수말과 황소
차아차하안 차아차하안
타알 타알 노파
리이바라
니이이 니이이 할멈
춉쵸요쿄욘 춉쵸요쿄욘
다섯 마리 암소를 가진 베이베리케옌 할멈
슬라브니 유데유이옌
자야치 호보스트
테옐레이 할멈
늑대와 노인
영리한 개
오노고스토온 추오카안과 올로온 돌로온
가난한 농부
암소 세 마리와 아내 셋을 가진 노인 테예프 테예프
영리한 처녀
투툼 튜요케이
고대 용사와 전투에 대한 이야기

예벤키인 이야기

뻐꾸기
백조와 까마귀
멧닭과 백조
곰과 붕어
여우와 모캐
여우 훌랸
은혜 갚은 곰
토끼 자매
식테흐 신겔툰
개가 털옷을 입게 된 사연
자작나무에서 태어난 소녀
지하세계에 간 남자 1
지하세계에 간 남자 2
차르치칸
천상세계에 갔다 온 남자
토끼를 속인 할아버지
소년과 까마귀
백조에게 아들을 빼앗긴 아버지
똥에 빠져 죽은 할아버지 할머니
예벤키 남자와 뱀
치나나이
아카라모와 이불 형제
슬기로운 청년
두 형제
모험을 찾아 떠난 청년
비켈리디운
료하
움나
우차나이
헤누키찬
불화의 언덕
예벤키 사람들이 순록을 키우게 된 이유
세 형제 무사
어린 무사
우냔니와 코렌도
옙카찬
무춘노이와 보르콜툰 형제
식토불
나라불
누르고불
누르가울
초로
소두 소르돈초 솔다니
킬리디나칸
중간세계의 우무스닌단
차갈라이 차쿨라이
무사 볼론투르
하니 후분과 호호르 보그도
온기닐
우리얀과 몰리나
오란
디긴
어느 노부부의 오만방자한 아들
난쟁이 무사
캅탄디르
만기 도롬고
유라키 사람들
식인 출루그디
난드리와 털보

이쵸그디로
식인 청년과 결혼한 아가씨
샤먼, 들꿩 그리고 식인
구리불과 식인 형제
네멜론

유카기르인 이야기

외로운 청년
개의 수호신들
땅의 주인
북극여우와 곰
토끼의 꼬리가 없어진 이유
셈테네이 노인
토끼
여우 이야기
야생 북극암사슴
솥단지 비슷한 썰매를 타고 다니는 사람들
라마도
옛사람들의 소녀
도르부
아낙네
도부레
구슬 턱수염 노인
욕심 사나운 노인
스라소니가 토끼를 잡아먹는 이유
하바타
마체칸
욕심 사나운 아낙네
'늙은이'라는 별명의 할아버지 나무
미끼 사슴을 데리고 하는 사냥
키르체아나
토로하
숙부-아버지의 아이
방탕한 여자
불구자
테베게이
얼음 구멍 속의 아낙네
로시야, 로시야, 긴, 긴, 긴
부르는 주문

돌간인 이야기

들꿩과 농어의 전쟁
노인과 토끼들
청년 황제와 농부의 딸
여자와 곰
백조로 변한 샤먼들
대지의 주인 영혼
대머리 청년
외눈박이 아가씨
온통 털로 덮인 사람들
작은 천막의 불꽃
리이피르다안
고아 형제
세 형제
흰올빼미
꾀 많은 여우
새와 동물의 전쟁
리이비라
농부 노인과 노파
세 청년
라아이쿠
젤레즈나야 샵카와 코스탸노이 포야스
행복한 날, 불행한 날
노인과 노파
천상에서 온 약혼자
다른 세계의 사람
마마 귀신

셀쿠프인 이야기

이테
개와 털가죽
인간이 생기게 된 유래
이차와 귀신
이차
켄가이 용사
마녀와 두 딸
바보 이반과 곱사등이 말 코넥 고르부노크
두 자매
몸통 없는 머리
태양의 왕
일곱 아이 이야기
푸치카 추리카
불의 주인
티시야
켄게르셀랴
바다 곶 노인의 아들들
찬케르
세 자매
들꿩과 쥐
눈 소녀
이반 왕자
영리한 소년
개구리

시베리아 타타르인 이야기

황금 새
의붓딸
지주와 일꾼
세 마리 비둘기
돈보다 값진 지식
질랸
귀머거리, 장님, 앉은뱅이
아버지의 세 가지 충고
세 자매
요술 반지
재봉사, 곰, 장난꾸러기
처녀와 물의 요정
주흐라 별
영리한 청년
귀신과 그의 딸에 관한 이야기
이르티시와 술레이만
아흐메트와 칸
카미르 바티르
알 마미시
카라밈 바티르

여우와 늑대
탄 바티르

토팔라르인 이야기

달에 얽힌 이야기
일곱 처녀
세 마리 사슴
달사람
세 명의 용사
월식이 일어나는 이유
인간이 만들어진 유래
곰의 콩팥이 여러 짐승에게서 온 이유
사슴과 사향고양이
곰과 다람쥐
곰이 벌을 받게 된 이유
귀신의 관목 숲
세 형제
물의 주인
부모 없는 청년과 귀신들
콘조크 가문이 나타나게 된 이야기
용감한 사냥꾼과 독수리
여우 바위
타이멘 강에 얽힌 전설
곰의 호수
닭과 꿩
땅벌이 벙어리가 된 이야기
주걱뼈
회색 뼈
두 형제
날개 달린 소년
황금 가슴을 지닌 아기들
영리한 처녀
사악한 마법사
젖소 코를 가진 청년
인간의 아들과 개구리 딸
불멸의 인간들
부르한에 관한 전설
돌 목걸이
테르 오키시(꽃의 골짜기)
사람과 뱀
메르겐과 두 마리 뱀
아이굴
낙타와 토끼
꿩과 모기와 사슴
닭과 들꿩의 눈이 빨간 이유
개미와 나리새
구원의 불
소년과 이무기
사냥꾼이 귀신을 벌준 이야기
돌이 된 샤먼

케트인 이야기

곰 이야기
예틀의 며느리
발나
실레케
여우
우세시
반그셀
올기트
알바와 호샤담
강 상류에서 온 카이구시
단두큰 이야기
타닌가
쿄글 할머니
울게트
뉴냐
샤신쿠시 이야기
이다트 노인의 딸
카시케트와 예로호트 할아버지 이야기
빌게트

예네츠인 이야기

세 샤먼
일곱 아가씨
타이멘
노인
노파의 아들
별의 신화
디아
바루치의 모험
시오시쿠
두 형제
솔데이 카하

느가나산인 이야기

천지창조 신화
아밤 느가나산인이 등장하게 된 이유
갈매기
느가나산인 '3사젠 손'과 그의 아들
곰과 노인
모레데와 머리 없는 사람들
죽음의 호수
곰의 아들
오옐로코와 세 명의 러시아 상인
오옐로코와 암늑대 샤먼
노고레사의 아들
두 명의 사냥꾼과 샤먼
라쿠나의 아들들
여자 식인괴물 시게 이야기
겁쟁이 순록
태양의 딸
왜 늑대들은 더 이상 허풍을 떨지 않을까
누구의 뿔이 더 클까

네네츠인 이야기

새 총각
왜 부엉이는 햇빛을 보지 못하는가?
여우, 새 그리고 까마귀
곰이 꼬리를 잃게 된 사연
하류치
아기 순록과 생쥐
세 아들

월귤나무 열매
모캐 남편과 부인 마리야 공주
러시아 노인의 세 아들
한 꼬마 이야기
힘센 독수리가 네네츠인들에게 해를 돌려준 이야기
야브 말의 모험
야브 말이 거인을 이긴 이야기

에스키모인 이야기

대구와 고래의 논쟁
명예를 갈망하는 까마귀
작은 주민들
까마귀와 늑대
멧새 세 마리
까마귀와 부엉이
까마귀와 청설모
까마귀와 갈매기
물고기, 여우, 까마귀
까마귀 코시클리
까마귀와 여우
새끼 황소와 새끼 여우
교활한 여우
거짓말쟁이 여우
새끼 황소와 늑대
가마우지
큰사슴 아카나
쥐
해를 얻다
작은 딱정벌레 나그네
까마귀와 처녀
사람, 게, 까마귀
두 형제와 까마귀
까마귀가 결혼한 이야기
에멤쿠트
꾀돌이 쿠킬린
사람과 독수리
사냥꾼과 독수리
독수리 집의 소년
사람들은 전에 어떻게 살았는가
카나크와 독수리들
사냥꾼과 백곰
사슴 사육자와 늑대 가족
새끼 늑대
늑대와 물새
노인과 야생 사슴
노파가 동물들을 속인 이야기
다섯 아들
암곰이 훔친 아이
현명한 사슴 두 마리
사슴으로 변한 여자
잔나비와 티나기르긴
키크미라시크
누나그미트의 고래
우카마난
신기한 소고
심술궂은 노인과 쥐
까마귀 은피나
물범 나라에 놀러 갔던 사람
오형제 중 막둥이
바다의 주인
아메크
아이마나나운
바다에서 길을 잃은 사람
날아다니는 샤먼들
막둥이
불의 주인과 소년
다섯 형제와 여자
카약식비크
버림받은 청년
이수클리크
아하하나브라카
고아
두 아내를 가진 사람
우키바크의 질투쟁이와 그 아내
두 번째 아내
사라진 형제들
투명 인간

아이누인 이야기

쥐
세 남자
가자미와 망둥이
눈 남자
치시포
처녀와 악마
산노이페 여자
세 자매
세 남자 1
두 남자
'예쁜 얼굴'이라는 이름의 처녀
곰 축제
다섯 명의 아이누인
부엉이의 결혼
바다사자
달 사람
젊은 까마귀
물범의 섬
흑담비 사냥에서
서로가 닮은 사람들
어느 마을에서
화가 나서 싸웠다
두 자루의 칼

닙흐인 이야기

돌집
은혜 갚은 호랑이
우뭄즈 닙흐
세 형제
식인에게 잡혀갔던 아가씨
저승에 갔다 온 남자
백조 소녀
바다신의 손녀와 결혼한 청년
일곱 자매
용감한 무사와 네 여인
대머리 소년
악마를 이긴 청년
남매
용감한 아즈문

얼룩무늬 다람쥐
꿩 그리고 곰
바다표범과 넙치
갈매기는 어떻게 함께 살게 되었을까?
산신의 창
흰 바다표범
용감한 임히
산의 미녀
바다 신의 아내가 된 노부부의 딸
혼자 사는 남자
쿨긴
해표 약혼녀
못된 라도
니칸스크의 약혼녀
삼뉸과 세 태양
무사 이야기
사냥꾼과 암곰
사람과 호랑이

축치인 이야기

아칸니카이
아내를 구하러 나선 수캐
흰 암곰
늑대 떼
카이마치캄
장난감으로 만들어진 사람들
요나브요치긴
공을 가지고 노는 여인
해협이 만들어지다
순록 사육인과 딸
큰어머니를 구한 아이
에이구스케이
온천에서 온 남자
목동 이이누비예
벌레를 기른 사람
바다 무지개
랍클랴볼과 고아 샤먼
샤먼
샤먼 킷바트
꿈속에서 샤먼이 되는 사람
할머니와 손자
곰 굴속에서 겨울잠을 잔 목동 티네시킨
이상한 노인
카차프
일곱 형제
쿤렐류
벨리비넬레비트
랍틸레발
반카치코르
키에긴과 아들들
오먀야크
초마락티기르긴
무사 켈리에프와 청년
고집 센 엄마
곰을 모르는 청년
순록 사육인이 되고 싶었던 갈색 곰
사냥꾼과 악마
신출귀몰한 청년
인색한 큰아버지
석상
악밥라르키
천상에 잡혀갔다 되돌아 온 아이
쿠이키네쿠

코랴크인 이야기

쿠이킨냐쿠
약혼자를 잃은 레라
아버지 대신 켈레에게 잡혀간 남매
영리한 빅사
카이니빌류
다섯 자매
오요
임카
여자 샤먼 킷나
정착 생활자와 순록 사육자
린니날필리나의 복수
이인탈라트
사냥꾼
무사 소홀릴란
탐욕스러운 까마귀
부자와 가난한 자
까마귀와 늑대
바다표범과 개

케레크인 이야기

쇠갈고리를 가진 사람
바다표범을 이긴 토끼
여우와 까마귀
여우의 장난
개 아가씨에게 청혼한 여우
까마귀 쿡키
쿡키와 아내 미티
태양을 두려워하는 쿡키
여우와 쿡키
쿡키와 늑대
소년과 활
디오니시야 산
옴릿바알

우데게이인 이야기

불의 여인
에운쿠
에그디가 사 형제
셀레메게
볼롱고
바다뱀
벨레
메에히
팔람 파두
케드르 강의 용사
슌 샤가니니
쟝달라푸

나나이인 이야기

나이소
피치 못할 징조

금목걸이
요술 쌈지
명궁수 가르팜지
빼꾸기가 가져다준 재물
용사 세누에
아이오가
꽃처럼 아름다운 처녀 얄가하 푸딘
버드나무
소년 촉초
킬레 밤바와 용사 로체

오로크인 이야기

목추 케칙테
붉은 늑대들
겝헤투
흰 사슴이 탄 배와 검은 사슴이 탄 배
불에게 대접한 음식

알류토르인 이야기

교활한 쿠트킨냐쿠
쿠트킨냐쿠, 미티와 악령들
리티티니안가비트, 쿠트킨냐쿠의 딸
킬릴키트기나쿠, 쿠트킨냐쿠의 아들
탐욕스러운 곰
쿠트킨냐쿠와 시시신
여우와 썩은 생선
쥐, 여우, 마귀할멈
카라긴인의 소탕
킬리븐가비트와 그녀의 형제들
임카와 아들 피니난
사촌 형제들

오로치인 이야기

여우와 왜가리
여우
까마귀
일곱 영웅
미녀
느게티르카
너구리
영웅 돌로누카누
세르샤바야 플레시
뱀 악마
하다마하
두 미녀
일곱 늑대
용사 캅추나
아쿤 족
옛이야기
멧돼지의 아내
자연의 탄생
땅이 식었을 때
오래된 전설
철의 용사
우쟈카
스멜차크 아두리
보크톤고

이텔멘인 이야기

틸발 전설
틸발의 복수
틸발과 네말인
쿠트흐
쿠트흐가 여우를 놀래 주는 법
쿠트흐가 아내 미티를 일하게 하는 법
쿠트흐의 거짓 죽음
쿠트흐의 죽음
쿠트흐와 미티가 열매 따는 법
쿠트흐와 여우와 늑대
쿠트흐와 게
알처녀들
쿠트흐와 엠엠쿠트의 싸움
쿠트흐와 미티의 딸 냐아
쿠트흐 자식들과 늑대 가족
쿠트흐의 바느질
쿠트흐와 쥐
시나네브트와 곰
늑대와 시나네브트
엠엠쿠트, 치치킴치찬, 포르캄탈한
엠엠쿠트, 코트하남탈한과 식인종
엠엠쿠트, 마로클나브트와 거위들
카만흐나브트
엠엠쿠트, 아나락클나브트와 발렌 시나네브트
첼쿠트흐와 독버섯 아가씨들
시나네브트의 잘못
시나네브트와 아나락클나브트의 결혼식
엠엠쿠트의 결혼식
엠엠쿠트와 아내 엘탈넨
시실한과 엠엠쿠트의 아내 아야노믈흐차흐
메치흐치, 곰과 쿠트흐
이블리켈헨
이킴투와 이빌투
암캐와 케쿠켐탈한
쥐와 까마귀
기러기
안가카 시시케

네기달인 이야기

메헤길에서 유래한 아윰칸
축차길 성씨의 유래
우단칸 산
호랑이
세 개의 길
부유한 신부 칼마그다
하늘의 사람
개구리
쿠이에미
장대
교활한 사람과 힘센 사람

입찬
까마귀와 매
거북이
늑대로 변한 다섯 여자
인간 창조에 관한 이야기
세 태양
달과 소녀
곰을 낳은 여자
세한에서 있었던 이야기
호랑이와 남자
청년과 골뱅이 아내
탑칼 씨족과 힘구
힘구의 거처
날아가 버린 아이
고아와 개
지하세계 이야기
소그됴콘
개구리와 쥐
푸딘과 개구리
날다람쥐
친데케와 여우
네야브칸과 여우

예벤인 이야기

새와 쥐가 싸운 이야기
욕심 많은 멧닭
떠버리 메추리
바다표범
여우와 늑대
여우와 곰
교활한 담비
담비
여우 이야기
움체긴과 부윤댜
두 자매 이야기
촐레레
첸게 이야기
오모촌
곰
움체니와 우인댜

오로치인과 코랴크인의 옛 생활에 관한 이야기
여자 샘
데브리켄 코브리칸
쿠를레니
게으른 소년과 새
달에 반점이 생긴 이유
고아 소녀 이야기
틸켄과 돌단 형제
우메스네와 안차크
현명한 노인
멘레크
한 마리 개
은둔자
고아소녀
잠자는 사람들
귀신 사위
노인의 세 아들
이웃 남자
두 형제 이야기
아내들을 빼앗은 남자
부자와 가난한 사람
욕심 많은 노파
오인데와 하바이
땅이 만들어진 유래
모기와 구더기가 생긴 유래
키로로트 2051

울치인 이야기

켐테르게 용사
용사와 사악한 정령
가난한 노인과 부자 노인
처녀와 거인들
두 처녀
바투리
개구리와 쥐
개구리 아이
청년과 호랑이
소년과 사악한 여우 정령
거지가 왕이 된 이야기

발듀 성씨에 관한 이야기
첸투세
호심부 할아버지

부랴트인 이야기

갈단과 바이르 형제
꾀 많은 부담슈
두 자루
몰론토이 영감
슈렐데헨 아가씨
행운과 불행
구르발다이의 세 현자
후르 연주자
구지르칸
청년 티스헤 비스헤
가난뱅이 도르지
무 몬토
가자르 포올린, 제에델레이의 아들
물귀신 할멈
꾀 많은 청년이 칸이 된 이야기
바보천치
현명한 아내
메르겐 조릭토
장사와 꾀돌이
가난뱅이와 악마
일흔 개의 거짓말
현명한 며느리
부담슈
청년 슈트니크
내가 바로 후르마스타(성인)이다
꾀돌이 발단
붉은 손바닥
어리석은 부자
겨울과 여름
개가 친구 같은 주인을 찾은 이야기
머저리 늑대
뽐내기 잘하는 강아지
눈과 토끼

거만한 샤먼
농부와 사제
결혼이 너무도 하고 싶었던 샤먼
빈농이 부자와 소송한 이야기
아디차흐와 케초흐
'불행'
빈농이 부호의 집에서 악마를 쫓아낸 이야기
호기심 많은 아내
부자와 뱀
마법의 닭
빈농이 부자를 속인 이야기
시어머니와 며느리
크레센

뱁시인 이야기

소녀와 염소
곰과 마샤
지저분한 여자
곰과 여우
제멋대로인 아내
주인 부부와 이웃인 백정
성자 아폴론
물의 정령
의붓딸
착한 소녀 바르베이
남매
황금 소년
신부 나스텐카
청년은 새를 아내로 삼다.
황금 곱슬머리 나스타샤
미녀 아내
부자 형과 가난한 동생
어리석은 사람들 이야기
부정한 아내
반카와 염소
오빠가 여동생의 손을 자르다.
아내가 말했다
엄지 소년
도둑 반카

잠자는 아내
바보 사위
신은 오리페이에게 식사하러 왔다
아내는 남편을 어떻게 속였는가

칼미크인 이야기

착한 오브세
용감한 마잔
연꽃
마법의 돌
받지 못한 보상
변신하는 겔륭과 일꾼
현명한 며느리
고향 이야기
미해결 소송
칸의 왼쪽 눈
어리석은 노인
계절의 변화
현자와 겔륭
겔륭과 동자승
인색한 부자
노부부
수탉과 공작
유쾌한 참새
성질 나쁜 까마귀
만지크 자를리크와 그의 하인
72가지 기이한 일
체첸 칸과 그의 현명한 며느리
케샤
노인 자신은 4분의 1, 턱수염은 4분의 3
용사 샤라다
아랄탄의 아들
두 형제
세 가지 기이한 이야기
팔천 살의 노인 남질 크라스늬 이야기
세 형제
사냥꾼 이예스티르
새와 동물의 말을 알아듣는 청년

왜 올빼미는 콧구멍이 없을까
용감한 사자
모기가 애처롭게 노래하는 이유
마상

알타이인 이야기

알립 마나슈
유스큐제크와 알틴 차치
사리 칸
큰 사슴의 울분 욕심 많은 들꿩
보리 낟알
회색 참새
멋진 다람쥐
무서운 손님
인색한 개구리
박쥐가 밤에만 나는 이유
공작새의 아내
사르탁 파이
오누이
'비단 붓' 토르코 차차크
행복한 리스투
황금 잔
중매쟁이 여우
백가지 지혜
암소와 별
곰 아저씨
녹색의 신 쿠르가미슈
한 마리 양
쿠얀
곰 아유
황금 새 알틴 쿠츠카슈
질 켈
해와 달이 인간을 구한 이야기
일곱 형제
용사 바부르간이 산이 된 이야기
텔레츠코예 호수에 관한 전설
텔레츠코예 호수가 '황금 호수'로 불리게 된 이야기
쥐와 낙타
미식가 사향고양이

짐승 마아니의 아이들
오래된 옛날이야기

텔렌기트인 이야기

비야 강과 카툰 강
카투 야리크(무서운 장소)
알미스-암염소
알미스에게서 태어난 아기
아부움 포오옴(아버지 어머니)
낙타 이름으로 불리는 골짜기
푸른 황소
사냥꾼과 알미스
곰
소를 훔친 도둑과 호랑이

첼칸인 이야기

황금 도끼
고아
키셀레크와 파를라나크
탁 툭 지팡이
토끼와 담비
바보 청년
텔베엔이 하늘로 올라간 이야기
황금 등자
날다람쥐
콜로복
세 아들
황금 수탉
고아 청년과 다람쥐
고양이
할아버지와 부자
자작나무 그릇

쿠만딘인 이야기

사냥꾼의 전설 1
사냥꾼의 전설 2
사냥꾼의 전설 3
사냥꾼의 전설 4
오온 강과 쿠그 강
개와 고양이
킬리슈 칸
델베겐
툰구스
할아버지와 고양이
엄마와 딸
델베겐과 마시파라크
부자가 된 쿠지마
자신을 모르는 너구리
바보 이반
마시파라크
카라 몬기스
아이 코크 처녀
뱀과 노인
세 아들
세 형제

투발라르인 이야기

알틴 콜과 알틴 투우(황금 호수와 황금 산)
카라티 칸
노인과 노파
반카와 그리시카
세 형제
오스큐스 오올로크
아크 표스 쿠우르친
오스큐스 우울
꾀 많은 여우
농부 파시파라크

나가이바크인 이야기

고양이가 식사 후 몸을 닦게 된 사연
아즈라킬의 장난
어느 집시 여인의 예언

바시키르인 이야기

에렌세 세센 이야기
투라칸, 야네바칸 그리고 에렌세 세센
하탐타이

쇼르인 이야기

안치 아비시카와 카라 몰라트
지주와 사냥꾼
사랑이 깊은 쿠
마법 모자
탐욕스런 농부
학과 까마귀
젊은 사냥꾼과 표범
프카
철의 산 테미르 타우
차기스

코미인 이야기

야즈바 강 이야기
수지야 강 신화
이오마와 두 명의 아가씨
무사 페랴
다리가 여덟인 개
페라는 어디로 갔을까?
루피예 강에 사는 페라와 미쟈
페라와 자란
사냥꾼 예파를
가르친 여우

텔레우트인 이야기

알타이 쿠우추니 이야기
케르 사갈 가의 형제

토팔라르인 이야기

작자 미상
옮긴이 이경희
펴낸이 박영률

초판 1쇄 펴낸날 2017년 2월 25일

지식을만드는지식
03991 서울시 마포구 월드컵북로 46 청원빌딩 3층
전화 (02) 7474 001, 팩스 (02) 736 5047
출판등록 2007년 8월 17일 제313-2007-000166호
전자우편 zmanz@eeel.net 홈페이지 www.zmanz.kr

ZMANZ
3F. Chungwon Bldg., 46, World Cup buk-ro,
Mapo-gu, Seoul 03991, Korea
phone 82 2 7474 001, fax 82 2 736 5047
e-mail zmanz@eeel.net homepage www.zmanz.kr

ISBN 979-11-304-7474-8
979-11-304-7475-5(큰글씨책)
979-11-304-7476-2(PDF전자책)
책값은 뒤표지에 있습니다.